O Cartógrafo sem Bússola

Vilém Flusser, Prolegômenos a uma
Teoria do Pensamento Líquido

Conselho Editorial

Alessanda Teixeira Primo – UFRGS
Álvaro Nunes Larangeira – UFES
André Lemos – UFBA
André Parente – UFRJ
Carla Rodrigues – UFRJ
Cíntia Sanmartin Fernandes – UERJ
Cristiane Finger – PUCRS
Cristiane Freitas Gutfreind – PUCRS
Erick Felinto – UERJ
Francisco Rüdiger – UFRGS
Giovana Scareli – UFSJ
Jaqueline Moll – UFRGS
João Freire Filho – UFRJ
Juremir Machado da Silva – PUCRS
Luiz Mauricio Azevedo – USP
Maria Immacolata Vassallo de Lopes – USP
Maura Penna – UFPB
Micael Herschmann – UFRJ
Michel Maffesoli – Paris V
Moisés de Lemos Martins – Universidade do Minho
Muniz Sodré – UFRJ
Philippe Joron – Montpellier III
Renato Janine Ribeiro – USP
Rose de Melo Rocha – ESPM
Simone Mainieri Paulon – UFRGS
Vicente Molina Neto – UFRGS

Apoio:

O Cartógrafo sem Bússola

Vilém Flusser, Prolegômenos a uma
Teoria do Pensamento Líquido

Erick Felinto

Editora Sulina

Copyright © Erick Felinto, 2022

Capa: Humberto Nunes
Projeto gráfico e editoração: Niura Fernanda
Revisão: Adriana Lampert

Editor: Luis Antonio Paim Gomes

Dados Internacionais de Catalogação na Publicação (CIP)
Bibliotecária Responsável: Denise Mari de Andrade Souza – CRB 10/960

F315c   Felinto, Erick
O cartógrafo sem bússula: Vilém Flusser, prolegômenos a uma teoria do pensamento líquido / Erick Felinto. – Porto Alegre: Sulina 2022.
216 p. ; 14x21 cm.

ISBN: 978-65-5759-077-5

1. Filosofia. 2. Teoria do Conhecimento. 3. Comunicação – Pensamento Contemporâneo. 4. Comunicação –
Aspectos Filosóficos. I. Título.

CDU: 101
CDD: 100
120

Todos os direitos desta edição reservados à
EDITORA MERIDIONAL LTDA.

Rua Leopoldo Bier, 644, 4º andar – Santana
Cep: 90620-100 – Porto Alegre/RS
Fone: (051) 3110.9801
www.editorasulina.com.br
e-mail: sulina@editorasulina.com.br

Setembro/2022
IMPRESSO NO BRASIL/PRINTED IN BRAZIL

Sumário

Introdução..7

I. A Zona Cinzenta: elogio da especulação 17

II. Vampyroteuthis: Flusser ao Encontro do
Realismo Especulativo.. 41

III. Rede, ruído, arte: a poética
flusseriana do glitch.. 63

IV. Cinema, tempo, imaginação: o olhar
"selvagem" de Flusser 79

V. Um cinema "vampirotêutico":
os filmes tentaculares 97

VI. Gestos, imagens, ambiências................................ 121

VII. Os mares flusserianos e dissolução
da identidade.. 137

VIII. Um pensamento líquido: Flusser e a
multiplicidade fluida dos pontos de vista 159

IX. Entre natureza e cultura: o "pós-humanismo"
de Flusser e Benjamin... 183

Pós-Escrito.. 199

Referêrencias Bibliográficas....................................... 201

Introdução

Vilém Flusser foi, acima de tudo, um pensador da mobilidade, da ausência de fundamento, da instabilidade. Nesse sentido, sua vida foi materialização existencial de certa visão de mundo e de uma proposta filosófica. Transitando entre diferentes países e línguas, traduzindo constantemente de um código para outro, Flusser nunca se fixou realmente. Como peregrino que jamais encontra pousada, o pensador deixou em sua autobiografia filosófica, *Bodenlos* (sem solo), o testemunho mais evidente dessa condição, na qual a própria vida torna-se "laboratório para outros" (2007, p. 20). Não existe território fixo para o humano. Somos seres moventes, e a instabilidade, com todas as angústias que possa trazer, é nosso maior apanágio. Nem a ciência, nem as pretensões de qualquer espécie de saber podem nos ajudar a encontrar o porto final. Estamos todos a navegar nos mares de uma aventura cósmica, em uma arte náutica que não poderia de modo algum ser precisa. O que podemos fazer, diante das incertezas que essa movência representa, é inventar histórias, criar ficções. E são essas ficções que estão mesmo no coração dos saberes que consideramos seguros. Não existe ciência sem imaginação, conhecimento sem fantasia. Certo, o pesquisador irá querer afirmar, arrogantemente, que sua investigação é baseada nos procedimentos sólidos das boas práticas científicas. Mas ele esquece que todo resultado, toda descoberta, é temporária. Esquece, ainda, que as fronteiras entre saber legitimado e teorias marginais é tênue, e a geografia do conhecimento se desloca continuamente entre o centro e a periferia. De fato, como adverte Jonathan Eburne, em *Outsider Theory*, "tais demarcações permanecem desorganizadas (untidy) e ainda mais difíceis de discernir dentro da esfera da leitura e da escrita, especialmente nos tipos de pensamento especulativo que encontramos na metafísica, na filosofia e nas artes" (2018, p. 22).

"Especulativo" é, portanto, uma palavra-chave aqui. As ciências humanas não deveriam envergonhar-se de abraçar a especulação. Sem diplomas universitários, sem métodos sólidos, sem argumentos de autoridade, até porque o autor também é uma ficção, Flusser entendia o pensar como um experimento. *Angenommen*, título alemão de uma de suas obras, significa "suponhamos". Dada uma situação X, e a partir de determinadas condições específicas, que resultados poderíamos obter? No subtítulo, uma "sequência de cenas" (*Szenenfolge*), indica-se o caráter teatral desse procedimento imaginativo. Pequenas situações ficcionais, pequenas cenas, um teatro onde nós mesmos somos os atores. Um terrorista corre com uma metralhadora por um território, mas ao mesmo tempo pelo terminal de computador de um futurólogo. Ele se encaminha em direção ao porvir, e, no meio desse percurso, se encontra com o tal futurólogo. Não lhe resta escolha senão assassinar o cientista que lhe atravancava o caminho. "Tu te colocas como obstáculo a meu objetivo", diria o terrorista. O futurólogo, por sua vez, contava com tal possibilidade, ela era algo imaginável. A diferença entre eles é que o terrorista está apenas engajado (*engagiert*) no futuro, ao passo que o futurólogo o acolhe (*annimmt*) (Flusser, 2000, p. 7). Não lembra um pouco o desfecho de tal cena o célebre conto de Borges, no qual o personagem Stephen Albert intui seu destino trágico – o de ser assassinado pelo narrador da história, Yu Tsun? Afinal, a grande obsessão de vida de Albert, a obra de um antepassado de Tsun (o sábio Ts'ui Pên) conhecida como *O Jardim dos Caminhos que se bifurcam*, constituía um tratado filosófico defendendo a multiplicidade do tempo. Ali se pregava a existência de "infinitas séries de tempos, em uma rede crescente e vertiginosa de tempos divergentes, convergentes e paralelos". Em um desses tempos, diz Albert, "sou seu inimigo" (Borges, 2009, p. 873). Albert imaginou uma possibilidade entre muitas outras e sua suposição foi, tristemente, a correta. Tanto o futurólogo como o sinólogo do conto de Borges se encontravam no meio do percurso temporal conduzindo ao futuro. Este é um "campo de possibilidades" (*Möglichkeitsfeld*), no qual "as possibilidades singulares são atraídas pelo presente, de modo a se tornarem realidade" (Flusser, 2000, p. 7). Não existem certezas, o campo é errante, mas o lance de dados faz parte dessa natureza instável do real. Acolher (*annehmen*), aceitar, como fazem o futurólogo e Albert, é também supor em alemão. Eles acolhem os futuros possíveis, na expectativa de que sua especulação possa, quem sabe, ser a correta.

Admitir essa errância não é sinal de fraqueza, mas, antes, uma potência das ciências humanas (e provavelmente de todas as outras ciências). Conhecer é aprender a navegar no mundo, de modo que todo saber precisa fundar-se na medida humana das coisas. Essa dimensão pragmática do conhecimento se encontra na filosofia de Hans Vaihinger, que Flusser conhecia bem. Nessa filosofia do como se (*als ob*), na qual a ciência se funda no método dos "erros compensados", ou seja, das ficções e suposições que, no confronto com a experiência, vão se refinando, a função última da investigação é potencializar a vida. Como explica Christophe Bouriau, "nossas ideias, julgamentos, conhecimentos, se justificam, em última instância, por sua capacidade de servir mais ou menos eficazmente aos fins da ação humana que são a conservação, a adaptação e a satisfação" (2013, p. 38). Desse modo, a incerteza é atributo natural do processo de exploração dos mistérios do mundo, que necessita de ficções e da imaginação para progredir. Este livro parte de dois pressupostos, cuja plena fundamentação terá de ficar para trabalho posterior[1]. Em primeiro lugar, quero sugerir que o conjunto inteiro do pensamento flusseriano deveria ser lido no modo de uma ficção filosófica. Com isso, quero reforçar a afirmativa de Petra Gropp de que "a teoria do conhecimento, a filosofia e a estética" são entendidas por Flusser como "práticas do projetar mundos de vida (*Praktiken des Entwerfens*) e realidades" (2006, p. 232). Ou seja, não são apenas seus textos explicitamente apresentados como fábulas episte-

---

[1] Neste sentido, esta coleção de textos deve ser entendida como preâmbulo ao desenho futuro de uma teoria flusseriana das potências do ficcionais como instrumento de reflexão e produção de conhecimento.

mológicas que deveríamos ler com lentes de ficção, mas toda sua produção, que seria continuamente atravessada por gestos ficcionais. Em segundo lugar, proponho que a figura por excelência da ausência de fundamento deve ser encontrada na água, mais precisamente na imagem do mar, que desempenha, no imaginário flusseriano, um papel central. Poder-se-ia falar, assim, em uma espécie de "pensamento líquido". Na verdade, como se verá, o oceano possui uma ligação imaginária curiosa tanto com a filosofia como com as tecnologias (em especial, as digitais), dois campos de pensamento que marcam uma zona de interrogação fundamental para os questionamentos de Flusser.

Imaginar é projetar. Mas, ao imaginar futuros possíveis, nós não apenas os antecipamos, como faz o futurólogo, senão que os ajudamos a se formarem. O que hoje é uma ficção poderá tomar carne e se fazer realidade material. Numa época em que tais distinções não cessam de ser problematizadas, um movimento para o qual contribuíram intensamente as tecnologias de realidade virtual, Flusser emerge no oceano do pensamento como um "profeta, de cujas barbas saíam palavras como relâmpagos" (Kittler apud Flusser, 2009, p. 10). Isso me faz recordar o ditado aprendido com um misterioso professor de Cabalá: *ein nevuá bli simchá*, "não há profecia sem alegria". Flusser foi um pensador alegre, dos jogos e da brincadeira, do lúdico, daquela estirpe dos que ousam refletir com atrevimento e de forma contraintuitiva. Seu elemento natural, portanto, só poderia ser fluido e em fluxo, como um rio: um "Fluss/Flusser". Seu pensamento era imagético (*Bildhaftes*), como sugere Ute Guzzoni, advertindo que o mar, na filosofia, traz o emblema do eterno mutável e sem limites, "espaço do essencialmente outro e do que tem a forma da alteridade" (2015, p. 46). Distante e estrangeiro, esse mar é o lócus da descoberta, horizonte de uma exploração sem fim, na qual nos deparamos com criaturas estranhas das profundezas, como o Vampyroteuthis Infernalis, a temível "lula-vampiro" da conhecida ficção filosófica de Flusser.

Claro, águas podem também parar, se estagnar. O pensamento que não se move definha e morre, torna-se estéril. Em certo sentido, o saber da modernidade se constituiu sobretudo como produção, canalização e direcionamento contínuos de fluxos de todos os tipos, permitindo-nos falar, assim, da dominância de uma metafórica do líquido (Butis, p. 12). Mas controlar os fluxos é um projeto condenado ao fracasso. Se "cada forma de análise científica pressupõe atos de limitação e represamento" (*Ibid*, p. 19), o pensar polinizado de imaginação não pode ser contido. É por isso que Vampyroteuthis não se deixa aprisionar nas redes de pesca ou do conhecimento (Flusser, 2011a, p. 23). Isso não significa que se deva abdicar da indagação, da investigação ou mesmo do rigor, basta que tomemos consciência da precariedade dos nossos saberes e da contínua e necessária abertura a sua reformulação. O rio não cessa de correr e, como adverte Heráclito, no momento seguinte já não seremos sequer os mesmos a atravessá-lo. Objeto e sujeito se encontram numa relação de instabilidade radical e raramente convergente. Mesmo nossa identidade jamais pode ser dada como certa. Ela se estabelece numa rede movente com outros "eus" e com as materialidades tecnológicas que nos cercam. É possível, claro, operar com a ilusão de um eu estável, encerrado numa cápsula (uma figura utilizada por Flusser) e determinado de uma vez por todas, mas a instabilidade de nossos estados mentais e emocionais já aponta para o equívoco dessa operação.

Como judeu em condição de permanente exílio, Flusser experimentou essa percepção na pele. Nesse sentido, inclusive, ele poderia facilmente fazer companhia a Kafka, Benjamin e Scholem, a trindade de pensadores judeus que Robert Alter toma como exemplos paradigmáticos do escritor moderno, sempre iconoclastas, rebeldes e sem pátria (1993, p. 58). Aqui, também, o mar comparece como símbolo fundamental. As águas em movimento não autorizam assentar identidade. Ulisses se entrega aos mistérios marítimos, naufraga, escuta o canto das sereias e diz ao ciclope Polifemo que se chama "ninguém". Radicalmente transformado ao curso da viagem, ele se sabe outro, sente o vazio que assusta ao mesmo tempo que liberta. O oceano é um dispositivo disparador dessa experiência. É assim que David Wills, por exemplo, o caracteriza: "Ele é tanto pura diferença, o oposto binário da terra seca, do construível, do habitável, como também aquilo que destrói tal diferença, o grande unificador torrencial" (2008, p. 115). Empreendendo uma análise de obras como "Le bateau ivre", de Rimbaud, Wills conclui que o oceano se manifesta como abismo (como o habitat de Vampyroteuthis?), jamais permitindo, assim, nenhuma "singularidade identitária" (*Ibid.*, p. 127). Os trabalhos que compõem este livro podem ser considerados como relatos de navegação na qual busquei iniciar uma jornada no mar flusseriano. Não constituem ainda uma cartografia, mesmo que provisória. Esta terá de esperar por um momento de maior fôlego, por uma respiração mais longa – que a complexidade da obra de Flusser demanda, pois nela se cruzam os espinhosos temas da identidade, da relação com a técnica, da dialética entre natureza e cultura, da busca da liberdade e do combate à mortalidade, entre vários outros. Há, por certo, muito que se criticar no pensamento desse estranho polímata. Esse é, aliás, um trabalho que vem sendo feito intensamente nos últimos anos, o que, por outro lado, testemunha a popularidade crescente do autor, particularmente no terreno dos estudos sobre o pós-humanismo. O exilado de Praga certamente acolheria a crítica muito mais alegremente que qualquer leitura reverente. Derrubar ídolos é uma tarefa judaica, na qual Flusser se empenhou com denodo. Menos que "interpretar" Flusser ou elogiar suas muitas realizações intelectuais, estes textos procuram, pois, pô-lo em diálogo com o presente, com muitos outros autores e ideias com as quais acredito que o filósofo tenha ressonâncias importantes. Afinal, a arte do diálogo sempre foi um de seus temas fundamentais, e toda ideia nasce do encontro com o outro em suas múltiplas manifestações. Tentando atribuir a estes escritos alguma unidade, ofereço-os, ainda de forma tentativa, ao leitor imaginário com quem espero prosseguir nesta conversa.

No primeiro capítulo, discuto a problemática da imaginação no fazer científico. A perda do sentido de maravilhamento na modernidade tornou a ciência fria e desumana, mas talvez estejamos vivendo hoje um renascimento de potências especulativas e de criatividade, forças que Flusser considerava essenciais para a investigação científica. No segundo capítulo, aprofundo essa ideia, aproximando certas ideais flusserianas do movimento filosófico nomeado, precisamente, Realismo Especulativo. Se os realistas especulativos promovem uma forma de pensar menos antropocêntrica, imaginativa e preocupada com os objetos, Flusser pode, em muitos sentidos, ser considerado um precursor dessas tendências, que agora compõem um importante pano de fundo para as ciências humanas como um todo. Essa preocupação com os objetos – e, consequentemente, com a materialidade do mundo – nos leva ao terceiro capítulo, no qual se explora a noção de ruído e se investiga a possibilidade de uma estética hacker como forma de romper a padronização do universo das redes digitais. Em seguida, ingresso no domínio das imagens, com uma breve recuperação das ideias de Flusser a respeito do cinema. Sua teoria fragmentária do "olho selvagem" é investigada no capítulo quatro como um preâmbulo a uma reflexão sobre um cinema dotado de potências animais e maquínicas (pós-humanas, portanto). Logicamente, o capítulo seguinte explora a ideia de um cinema "octopodal"[2], obcecado, como Flusser, pelas figuras tentaculares. A questão central é entender o que esses estranhos seres, verdadeiros alienígenas na Terra, podem nos dizer a respeito da cultura contemporânea. No capítulo 6, prossegue-se com a exploração do tema da

---

[2] Este trabalho foi realizado antes da publicação do espetacular livro de Brown e Fleming (2020), uma rigorosa e exaustiva compilação da presença dos octópodes no cinema.

imagem, mas agora em relação com os gestos humanos e as teses de Warburg sobre as "fórmulas de *pathos*". Ponho Flusser, Warburg e Hans Ulrich Gumbrecht em diálogo para investigar a potencialidade da noção de "ambiência" (*Stimmung*, em alemão), um conceito cada vez mais importante no campo da estética, como testemunham os trabalhos de Gernot Böhme (Cf. 2019). Os capítulos 7 e 8 se dedicam ao problema da identidade a partir de uma metafórica do líquido. Ali se estuda a rica tradição de conceitos e pensadores, inclusive Flusser, que associam a figura do mar à proposição de uma identidade fluida e sempre em movimento. Finalmente, o nono capítulo coloca em xeque a tradicional distinção entre natureza e cultura para revelar um cosmos composto de entidades híbridas tão importantes no desenrolar da história humana quanto os próprios seres humanos. As curiosas semelhanças que traço entre Flusser e Benjamin mostram afinidades intelectuais apontando para uma visão de mundo anti-antropocêntrica e inclusiva nos dois pensadores. Todos esses trabalhos buscam seguir o espírito das reflexões de Flusser, deixando-se fertilizar pela imaginação sem abdicar do rigor. Nesse sentido, importam menos as teses que sugiro aqui do que como o leitor irá apropriar-se delas. Se é verdade, como diz a divisa flusseriana, que iremos "sobreviver na memória dos outros", que o pensador de Praga possa encontrar nova vida nestas páginas, compostas na convicção das potências do diálogo e do pensar como aventura do espírito.

Rio de Janeiro, abril de 2022.

I. A Zona Cinzenta: elogio da especulação[3]

A filosofia experimentou um acentuado afastamento da cena pública nos últimos anos de sua história. Ainda que polêmica, a afirmação de Fabián Ludueña sobre sua frágil posição no atual mundo dos saberes merece ser tomada a sério e investigada (Ludueña, 2013, p. 9)[4]. Enquanto que a ciência, especialmente a partir da primeira metade do século XX, se tornava cada vez mais interessante e misteriosa, a filosofia aparecia a muitos como crescentemente estéril, burocrática e hermética. Claro, a ciência sempre foi tão ou mais hermética que o saber filosófico, mas ainda assim conseguiu despertar a curiosidade do público leigo, em debates midiáticos sobre temas obscuros como "o grande Colisor de Hádrons" ou a famosa "partícula de Deus" (o Bóson de Higgs). Não há como negar: o próprio vocabulário dessa nova ciência soa tremendamente sedutor, com ressonâncias místicas que a imprensa soube muito bem explorar.

---

[3] Uma versão deste capítulo foi publicada como "Zona Cinzenta: Imaginação e Epistemologia Fabulatória em Vilém Flusser", em Brayner, André. *Vilém Flusser, Filosofia do Desenraizamento.* Porto Alegre: Clarinete, 2015.

[4] Nesse contexto, importa saber se realmente, como sugere Ludueña com ironia, "faz muitos séculos que teve lugar a morte do último filósofo" (2013, p. 10).

É verdade que a virada linguística e a filosofia analítica nasceram de um desejo de tornar a empresa filosófica mais científica, abrindo assim mão, ao menos inicialmente, das especulações metafísicas[5]. Todavia, em lugar de fazer a filosofia mais interessante ou sedutora (certamente nunca foi esse o objetivo dos filósofos analíticos), como sucedeu com a ciência, ela se envelopou em um vocabulário técnico excludente e em intrincadas problemáticas de interesse de apenas alguns poucos especialistas. Pondo de lado a pretensão dos altos voos especulativos, a filosofia se dedicou modestamente a analisar o significado de nossos enunciados. Mas existem indícios de que essa situação pode estar mudando. Movimentos recentes, como o chamado Realismo Especulativo, do qual tratarei mais a fundo no próximo capítulo, não só vieram suprir um rico mercado de opções de metafísicas e ontologias, senão que também tendem a fazê-lo cada vez mais abertamente, buscando tornar a filosofia um tema de debate e interesse de públicos mais amplos. Como assinalam Bryant, Srnicek e Harman, os jovens filósofos do Realismo Especulativo aprenderam a usar maciçamente a blogosfera, conscientes de que "o mundo on-line alterou rapidamente o terreno intelectual, e parece ser sensato apostar que a experimentação apenas começou" (2011, p. 7).

No contexto desse fascinante novo panorama, é importante assinalar que a ciência se tornou interessante na medida em que também ampliou suas incertezas. Ao

---

[5] Hoje já se pode, evidentemente, falar em uma "metafísica analítica" ou em uma "epistemologia analítica".

contrário do que alguns ardorosos defensores do saber científico ainda tentam apregoar, a ciência já não desfruta mais do status de intocada deusa das certezas férreas. Como assinala Immanuel Wallerstein, ela sofreu vigorosos ataques em formas semelhantes àquelas que ela própria utilizava para combater adversários como a filosofia, a teologia ou a sabedoria popular (2004, p. 9). Foi acusada, por exemplo, de ser ideológica, manipuladora e sujeita a determinantes culturais. Claro, os ataques mais radicais (na linha do relativismo, por exemplo) foram taxados pelos cientistas como expressões de um retorno do irracionalismo. Temos, assim, um jogo de mútuas acusações, no qual a ciência luta por sua legitimidade ao mesmo tempo que novos saberes e disciplinas se empenham na desconstrução de todo e qualquer princípio universalista e determinista. Que a ciência pareça ter se tornado mais interessante à medida em que também se tornava menos segura é um dado de relevância estrutural no contexto deste livro. Pois uma hipótese de fundo que gostaria de sugerir é a de um "renascimento especulativo", que vem se dando não apenas no domínio da filosofia, mas em todos os saberes. A um declínio das noções de verdade e certeza, acompanharia logicamente um fortalecimento da especulação e da imaginação.

Caso essa hipótese futuramente se mostre correta, as consequências para a prática da pesquisa científica, especialmente no domínio das ciências humanas, serão de grande significação. Infelizmente, dada a enorme complexidade do problema e o caráter necessariamente tentativo de qualquer investigação nessa área, não irei me dedicar à demonstração da validade da hipótese. Em lugar disso, pretendo somente tecer algumas considerações acerca do (possível) papel do imaginário e da imaginação[6] no campo da epistemologia, limitando-me, naturalmente, ao horizonte das ciências humanas. Essas considerações terão como foco, evidentemente, a obra do autor que quero pôr em diálogo com esse conjunto de questões. Vilém Flusser, cuja obra vem conquistando renovado interesse nos últimos anos[7], elaborou uma epistemologia imaginativa que pode se mostrar extremamente fértil para investigações no domínio da sociedade e da tecnologia. Meu objetivo, portanto, será traçar as linhas mestras dessa epistemologia imaginativa de Flusser, situando-a no panorama mais amplo de um suposto "renascimento da especulação" contemporâneo. Em outras palavras, trata-se de um ensaio teórico e imaginativo (que também imagina cenários possíveis) a respeito de um pensador que defende uma epistemologia fabulatória no alvorecer de uma presumida época de avivamento da imaginação.

---

[6] Uso as expressões como funcionalmente sinônimas. É possível, naturalmente, estabelecer distinções. Pode-se, por exemplo, entender imaginário como o patrimônio de imagens, símbolos e mitos de que dispõe a humanidade, ao passo que imaginação se referiria a uma atividade mental, a faculdade humana de criar imagens. Todavia, a terminologia da área é extremamente complexa e polissêmica, e boa parte da bibliografia sobre o assunto autoriza o uso de imaginário e imaginação como termos equivalentes.

[7] Os sinais dessa onda de popularidade flusseriana são inegáveis. Se na Alemanha, Flusser já é autor fundamental desde os anos 1990 (tido, inclusive, como precursor da atual teoria da mídia), nos Estados Unidos, seu recente reconhecimento pode ser atestado pela avalanche de traduções surgidas apenas nos últimos dez anos. Por exemplo: *Post-history* (2013), *Gestures* (2014), *Natural:Mind* (2013) e *Vampyroteuthis Infernalis* (2012).

Se tudo isso parece excessivamente especulativo para um leitor mais afeito aos rigores tradicionais da ciência, permitam-me trazer o testemunho de duas respeitadas historiadoras a respeito do renascimento do espanto (*wonder*) como categoria de experiência privilegiada na contemporaneidade:

> [...] os últimos 20 anos testemunharam um profundo questionamento dos ideais de ordem, racionalidade e bom gosto – "hierarquias tradicionais do importante e do essencial" – que haviam parecido auto-evidentes para os intelectuais desde as origens da moderna República das Letras de fins do século XVII. O espanto e o extraordinário alcançaram proeminência em uma onda de suspeita e autoquestionamento em relação aos padrões e sensibilidades que há muito os haviam excluído (e muito mais) das empresas intelectuais respeitáveis [...] (Daston & Park, 1998, p. 10).

As autoras se dedicam a fazer a história dessa paixão – *wonder* – que acompanhou a prática científica desde seu alvorecer na Idade Média, até que finalmente a modernidade iluminista a declarou indigna dos homens de ciência. Se a filosofia tem sua origem no espanto (*thaumazein*), como queria Aristóteles, não seria menos verdade que ele constituía elemento fundamental em todo processo de conhecimento, ao menos antes da emergência da ordem moderna dos saberes. Esse fascínio com o diferente, a monstruosidade e o maravilhoso se deixava subsumir numa excitação cognitiva que fundia o saber e o afeto, a razão e a imaginação, a arte e a natureza. Experiência traduzida materialmente nos célebres gabinetes de curiosidades barrocos (*Wunderkammern*), nos quais se colecionavam as maravilhas da natureza e do artifício humano, o casamento entre ciência e imaginação terminou com um estrepitoso divórcio em meados do século XVIII. Mas, como amantes que dificilmente esquecem sua primeira paixão, ciência e imaginação, ensaiam agora um retorno ao entusiasmo amoroso da juventude.

Claro, esse entusiasmo não é desprovido de perigos, e um relativismo radical não parece ser um caminho desejável para se escapar daquilo que Wallerstein denomina como "cientismo" (*scientism*) – a danosa alegação de que a ciência é inteiramente desinteressada e extra-social, bem como o único modo legítimo de conhecimento (2004, p. 11). Vozes mais tradicionalistas já denunciaram, não sem alguma razão, a penetração de vetores de irracionalidade no discurso científico contemporâneo. A epistemóloga Dominique Terré-Fornacciari, por exemplo, define poeticamente essa situação como as núpcias de Apolo e Dionísio, um matrimônio no qual "o racional e o irracional fazem aliança, se sustentam e se reforçam um ao outro" (1991, p. 11). Entretanto, o estatuto de cientificidade da sociologia, da antropologia ou das Humanidades não pode ser exatamente o mesmo que o das ciências da natureza. Por mais que os positivismos tenham tentado expurgar todo substrato imaginativo dos saberes do homem, ele continuou a retornar sorrateiramente pela porta dos fundos. Se as manifestações do imaginário – mitos, símbolos e devaneios – sempre constituíram matéria fundamental para as investigações das ciências sociais e das Humanidades, também serviram como elementos fertilizadores da própria caixa de ferramentas conceituais desses saberes. Seria ocioso e fora do escopo deste trabalho inventariar historicamente a importância de recursos como a alegoria, a metáfora ou o mito no desenvolvimento da reflexão sociológica ou filosófica. Na filosofia, de Platão aos contemporâneos, o papel da imaginação já foi, de fato, exaustivamente investigado. Para ficar em apenas um exemplo de certa espécie de história cultural que vem se tornando cada vez mais popular nos últimos anos, pode-se citar o recente trabalho de Stefan Andriopoulos, *Ghostly Apparitions* (2013). Nesse livro, o autor analisa a curiosa relação entre aparatos técnico-midiáticos, como a lanterna mágica, e o imaginário dos fantasmas e da fantasmagoria na elaboração do discurso filosófico do Idealismo Alemão. Assim, em lugar de defender a necessidade da fertilização da ciência pelo imaginário, tarefa que já foi realizada com competência por muitos outros, irei me limitar a oferecer algumas breves definições esquemáticas do imaginário como um preâmbulo para o tratamento do problema em Flusser.

A natureza e a origem do imaginário (enquanto faculdade humana ou patrimônio cultural de símbolos e mitos) estão entre alguns dos maiores problemas já tratados pela filosofia e pela antropologia. De forma geral, o pensamento ocidental tendeu a desvalorizá-lo, considerando-o como origem de todo erro e falsidade. Sem conteúdo perceptivo, sem aparente relação com o mundo objetivo, o imaginário constituiu, na maior parte de nossa história intelectual, o território do outro, da alteridade, da infância e da divagação. Em oposição ao mundo adulto e racional, ele nos apresentaria uma lógica do paradoxo e da contradição. Todavia, hoje soaria insensato desprezar o papel dos sonhos, da imaginação e da criação na sobrevivência da espécie humana. Como afirma Dennis Sepper em seu alentado estudo sobre as relações históricas entre razão e imaginação na filosofia, "em um mundo que cada vez mais depende da habilidade de inovar – seja na política, nos negócios, na ciência ou na vida cotidiana – a imaginação deve liderar" (2013, p. 3). Há que se observar que essa revalorização do imaginário é coisa recente. Se da antiguidade ao início da modernidade a imaginação desfrutou de razoável prestígio, cujo ápice se deu no Romantismo Alemão, a partir da modernidade e especialmente com o Iluminismo tem início seu radical processo de desvalorização. Apenas recentemente, o imaginário começou a reconquistar algum favor dos saberes estabelecidos, inclusive nos domínios da ciência.

É nesse contexto de renovado interesse pela imaginação que emerge, por exemplo, a obra de Gilbert Durand, para quem o plano de estruturação simbólica no qual se origina todo imaginário deve ser considerado como anterior e fundante da atividade conceitual. O imaginário estaria, portanto, na raiz da atividade intelectual, como "matriz originária a partir da qual todo pensamento racionalizado e seu cortejo semiológico se desdobram" (1993, p. 27). Em Durand, se dá, assim, uma inversão radical: de escravo da razão, o imaginário passa a ser seu respeitável mestre e antecessor. É por essa razão que Durand não hesita em atribuir todo um paradigma filosófico, o platonismo (fonte essencial do racionalismo ocidental), ao que ele classifica de "regime diurno do imaginário", ligado às imagens ascensionais, aos mitos da luz, aos processos analíticos de separação e classificação. Em *As Estruturas Antropológicas do Imaginário*, sua obra magna, Durand se empenha em um esforço hercúleo para dar ao imaginário uma feição científica (o que não deixa de ser, em certa medida, irônico). Todavia, ao fazê-lo acaba, mesmo que involuntariamente, domando-o numa forma estrutural que faz da ciência (especialmente a biologia e a fisiologia) um coadjuvante fundamental na defesa do imaginário. Talvez seja uma contradição inevitável. Ou então, como creem alguns, não existiria contradição alguma, pois separar a imaginação da razão (ou mesmo de outras faculdades humanas, como a percepção e a memória) não seria mais que um grave equívoco epistemológico. A definição de Sepper não é, talvez clara o bastante – se é que alguma definição da imaginação pode sê-lo –, mas converge com as posições essenciais de Durand, assim como de Flusser:

> A imaginação é, portanto, o poder que os seres humanos têm de situar e reelaborar as aparências das coisas contra, ou entre, diferentes panos de fundo, primeiros planos, molduras e campos [...] Sem a sensação não poderia haver tais matrizes e topografias e, assim, nenhum ponto de partida para o imaginar; sem as matrizes da imaginação não poderia existir razão efetiva. Elas estabelecem as características fundamentais do imaginar humano e da atividade mental; em particular, elas

25

são o solo tanto para a inteligência como para a criatividade (2013, p. 8).

Uma única cadeia ligaria, assim, percepção, imaginação e inteligência. Considerá-las em compartimentos estanques seria um erro ou uma abstração perigosa. Comparemos a definição acima com o seguinte trecho de um ensaio inédito de Flusser, escrito por ocasião de uma mostra do artista Theo Gerber, em Marselha (L'imagination et l'imaginaire)[8]:

> Poder-se-ia crer que conceber é uma atividade mais próxima da concretude vivida que o imaginar, pois a mão toca as coisas mais de perto que os olhos[9]. Mas não é assim. Conceber é tatear, quer dizer: tocar superfícies. Conceber não é manipular. É por isso que para poder conceber é preciso ter visto superfícies, ter visto imagens. A conceptualização segue a imaginação, e o conceito segue a imagem. Sem imaginação, não há conceptualização (1977, p. 3).

Para Flusser, a atividade imaginativa constitui um *medium* que se interpõe entre o sujeito e o mundo[10]. Ao

---

[8] O Arquivo Flusser preserva versões em francês e alemão do texto. Consultei as duas, mas utilizo aqui a versão francesa.

[9] Aqui Flusser joga, implicitamente, com a relação entre o verbo alemão *greifen* (apanhar, agarrar) e palavra *Begriff* (conceito).

[10] Nessa noção de *medium*, percebe-se já a conexão inicial que se estabelece entre uma teoria do imaginário e uma teoria da comunicação em Flusser. Para o filósofo, em muitos momentos, imaginar significa abstrair e codificar.

confrontar-se com o mundo, o homem não o aceita como é, naturalmente. Em lugar disso, o "imagina", afasta-se dele, interiorizando-se e alterando as configurações originárias de seu espaço vital. Desse modo, pode então planificar, prever cenários, projetar futuros. Percebe-se, aí, uma concepção da relação do sujeito com o espaço fundada em uma liberdade radical. É porque sou livre que não preciso aceitar o mundo como ele me é dado. Posso, a partir de minha imaginação, modificá-lo. Mas essa imaginação não é, para Flusser, originada unicamente do sujeito. Como no "trajeto antropológico" de Durand (a origem do imaginário se encontra no percurso entre homem e meio ambiente antes que no primeiro ou no segundo), ela se dá no contínuo intervalo entre os dois polos. Para complicar mais a questão, a era das imagens técnicas nos confrontou com uma categoria especial de objetos. Produzidos pelo homem, esses objetos produzem por sua vez imaginários novos, graças aos programas inscritos em suas estruturas. De fato, no mundo das "tecno-imagens" ingressamos no regime de um novo imaginário; a fotografia ou o cinema nos permitem alcançar outro tipo da imaginação – onde, por exemplo, a temporalidade linear deixa de fazer sentido. No novo mundo dos programas e dos códigos dos aparatos técnicos, não nos confrontamos mais ao mundo como "subordinados – como sujeitos –, senão que agora possuímos a faculdade de calculá-lo como um campo de virtualidades e computar algumas dessa virtualidades em simulações de realidade, de acordo com nosso próprio programa" (Calderón, 2012, p. 6). Mais que nunca antes, trata-se de um mundo de modelos e possibilidades, e que exige uma humanidade preparada para engajar-se ludicamente com os objetos técnicos, a realidade e os outros. Na história cultural desenhada por Flusser, a imaginação se manifesta como capacidade de fazer e decifrar imagens, como poder de abstração humana que codifica o mundo. Todavia, em um processo dialético, as imagens perdem progressivamente sua função de servirem como mapas do mundo e tornam-se "biombos" interpostos entre o homem e seu ambiente (Flusser, 2002, p. 9). O surgimento da escrita se dá como reação desse processo: as imagens são desfiadas em forma linear, dando origem à consciência histórica. Porém, como tentativa de retornar ao mundo que havia sido ocultado pelas imagens, a escrita também irá inevitavelmente fracassar. Em vez de se lançar ao mundo através do *medium* da escrita, o homem se fixa na própria escrita, gerando uma textolatria equivalente à idolatria surgida na etapa anterior (*Ibid.*, p. 11). Finalmente, como produto dos textos e resultado consequente dessa progressão histórica, emerge o aparato técnico. Este último nos dá a impressão de ser "objetivo". Ou seja, os aparelhos tecnológicos se apresentam a nós como reflexos diretos do mundo, que não precisam ser decifrados. Mas trata-se de ilusão, pois as imagens técnicas se fundam em "textos científicos", em programas, em diagramas que definem a forma como elas representam o mundo[11]. Se a

---

[11] A ideia de que no fundo de todo aparato técnico audiovisual repousa um "texto", um código como expressão da vontade de cartografar o mundo, é uma das proposições mais instigantes de Flusser. Ela encontra ressonâncias interessantes no extraordinário exercício recente de história cultural de Bernhard Siegert, *Passage des Digitalen* (2003).

era pré-histórica das imagens foi substituída por uma era histórica linear do conceito e do texto, nós agora experimentamos uma terceira etapa, pós-histórica, na qual o mundo é remagicizado. Para Flusser, o papel fundamental das imagens técnicas seria o de unificar as três esferas separadas do conhecimento científico, da experiência artística e da política da vida cotidiana. Elas deveriam ser, "simultaneamente, conhecimento (verdade), vivência (beleza) e modelo de comportamento (bondade)" (*Ibid.*, p. 18). Entretanto – ai de nós, que a esta altura já podemos prever o que está por vir! – também as imagens técnicas fracassarão em seu propósito.

Em diversas ocasiões, inclusive no pequeno ensaio "L'imagination et l'imaginaire", acima citado, Flusser denuncia o declínio da nossa faculdade imaginativa. Imaginar é uma ação paradoxal, pois exige distanciar-se do mundo, ao mesmo tempo que mantendo ainda alguma proximidade com ele. Por outro lado, as imagens são ao mesmo tempo mediações com a concretude vivida que elas representam e uma alienação dessa concretude (elas a "ocultam"). Se nossa imaginação se encontra hoje em crise, é porque o ponto de vista ideal, nem muito perto nem muito longe, tornou-se inacessível a nós. Vivemos hoje em um mundo tão carregado de imagens eletrônicas, virtuais, manipuladas, artificiais, que perdemos contato com a concretude vivida, tendo as próprias imagens se tornado nosso meio ambiente. Mas, ao mesmo tempo, percebemos que esse nosso mundo é imaginário. Se ficamos presos aos programas – os textos que informam os aparatos audiovisuais – não logramos alcançar o mundo, permanecendo na superfície das imagens técnicas. A liberdade, nesse caso, significa engajar-se ludicamente em um jogo contra o programa dos aparatos. Para tanto, se requer um outro tipo de imaginação. No ensaio em francês, Flusser traduz esse gesto na forma de uma imaginação revolucionária. A história cultural é expressa como "dialética entre a imaginação e a concepção" (1977, p. 3). A cada nível dessa dialética corresponderia uma forma de imaginação e conceptualização específicas. Por exemplo, enquanto as vacas pintadas nas cavernas de Lascaux simbolizam um acontecimento vivido, as vacas das iluminuras medievais simbolizam um conceito de dogma. A crise que enfrentamos hoje não se deve a uma incapacidade de produzir imagens (o que fazemos tranquilamente à exaustão), mas, sim, de fazer uso de uma imaginação à altura da situação histórica em que nos encontramos. Em certo sentido, o discurso científico contribuiu muito para tornar nosso mundo inimaginável. Por exemplo, somos incapazes de imaginar coisas sem massa e sem energia, como os neutrinos; somos incapazes de imaginar a própria estrutura desse universo (como proposto pela ciência atual).

Com isso retornamos, de algum modo, ao início deste capítulo. O leitor recordará que ali a ciência era caracterizada como cada vez mais misteriosa e sedutora, ao passo que a filosofia se tornava progressivamente enfadonha. Também no argumento flusseriano, encontramos uma ciência tão perturbadora e estranha que nossa imaginação tradicional já não consegue alcançá-la. Nos agarramos ainda a estruturas clássicas, como a distinção entre sujeito e objeto, de modo que não conseguimos estar à altura da atual visão de mundo da ciência. O que necessitamos, pois, é uma imaginação revolucionária, capaz de superar nossos programas e nos colocar no patamar exigido pela presente situação. Os quadros de Gerber, objeto central do ensaio de Flusser, nos permitiriam precisamente imaginar "campos de intenções relacionais, sistemas de *feedback* em cibernética ou organizações produzidas pelo acaso, a necessidade, a deliberação e a técnica do aleatório" (1977, p. 6). Em outras palavras, nessas obras encontramos uma imaginação revolucionária que pode fazer frente aos desafios de um mundo marcado pela incerteza, pelo indeterminismo e pela ruptura de distinções como sujeito-objeto. E não será esse, exatamente, um dos papéis da assim chamada "arte"? – se pergunta Flusser ao final do texto.

Fica claro, assim, que a meta final do projeto flusseriano (certamente marcado por uma utopia radical) consiste em reunificar arte, ciência e política em um exercício imaginativo capaz de nos oferecer possibilidades interessantes para o futuro. Trata-se, ainda e sempre, do tema da liberdade a serviço da criação de alternativas ao presente, nas quais as danosas separações impostas pela modernidade possam ser apagadas pela imaginação. E aqui chegamos, por fim, ao curioso tema da epistemologia fabulatória. Imaginar, em Flusser, se manifesta como mecanismo fundamental do conhecimento: "Lá onde o mundo se torna fábula, é como se se apresentasse uma ocasião para o conhecimento" (Bozzi, 2007, p. 63). No preâmbulo de sua reflexão sobre as ficções filosóficas de Flusser, Paola Bozzi empreende uma rigorosa reconstituição histórica das relações entre ficção e a prática científica. O "experimento mental" de Enst Mach (*Gedankenexeperiment*), um uso da ficcionalidade como forma de fomentar a reflexão científica, recupera o sentido etimológico da palavra ficção como "modelar", "plasmar":

> A práxis do fingir, ou seja, do supor, do formular uma hipótese, do recurso a um modelo, ao ordenamento de objetos de investigação para estudar suas características – para além das condições 'naturais', portanto, nas condições do jogo ou mesmo do laboratório – está no centro do método científico: a observação das leis naturais no *status conditions*. O experimento mental representa, pois, apenas um tipo particular desse fingir que se desenrola na esfera da imaginação, da ideia e da linguagem e foi também ligado à arte, à literatura e a outros produtos do espírito humano ou da fantasia (Bozzi, 2007, p. 65).

Em outro texto inédito, intitulado *Science Fiction*, Flusser destaca novamente o poder imaginativo da ciência contemporânea. Existe, propõe o filósofo, uma "zona cinzenta" na qual ciência e ficção se intersectam. Essa zona é de suma importância no contexto contemporâneo, no qual distinções claras entre saber e ficção já não seriam mais possíveis. Para Flusser, a própria realidade deve ser entendida como "um caso especial de ficção" (*als ein Sonderfall von Fiktion zu verstehen ist*) (s/data, p. 1)[12]. Na verdade,

---

[12] Uma maneira "científica" de entender essa afirmativa seria equipará-la à tese, sugerida por alguns cientistas e apresentada pelo filósofo Nick Bostrom

produzindo uma variação de tese que será retomada por autores como Baudrillard (1981) e Shaviro (2003), Flusser afirma que a realidade – como ela nos é apresentada pela ciência hoje – parece muito mais interessante, desafiadora e fantasiosa do que qualquer expressão da ficção científica. Que elemento maravilhoso das narrativas ficcionais poderia superar as atuais especulações científicas sobre quarks, matéria negra e universos paralelos? Na curiosa argumentação desenvolvida no ensaio, Flusser sustenta que uma afirmativa inteiramente verdadeira é tão desprovida de sentido como uma totalmente falsa. Por exemplo, "chove ou não chove" é tão insignificante (*sinnlos*) quanto "chove e não chove". "Significante", escreve Flusser, "é apenas a declaração que de algum modo se encontra entre a verdade e a falsidade. A ciência é uma espécie de ficção, precisamente porque ela seria totalmente desinteressante se ela desejasse ser inteiramente verdadeira (*völlig wahr*)" (s/data, p. 1). A verdade se manifesta, assim, como um horizonte em última instância inalcançável, no qual a questão central é a aproximação permanente, mas com plena consciência da impossibilidade de se alcançar uma totalidade. Não só isso, Flusser faz do interesse (e da beleza?) um critério para a significância das proposições. Dizer que chove ou faz sol é algo sumamente desinteressante, já que não acrescenta a quem escuta nenhum saber

---

em 2002, de que nosso universo pode ser uma vasta simulação de computador (produzida por uma avançadíssima civilização). Cf, por exemplo, o artigo "Do we live in the Matrix?", em *Discover*, dec. 2013, disponível on-line em <http://discovermagazine.com/2013/dec/09-do-we-live-in-the-matrix#.Uvbffij8uJc>.

propriamente transformador. Por outro lado, afirmar que existe, nas fossas abissais do oceano, uma espécie de octópode que usa de bioluminescência para guiar-se e que canibaliza com frequência sua própria prole[13] deverá despertar a atenção do mais desinteressado estudante.

A proposição não está muito distante de certa análise do fenômeno poético empreendida por Umberto Eco em *Obra Aberta*. Em Eco, porém, a questão é fundamentalmente semiótica (enquanto que para Flusser é também ontológica) e tem muito a ver com os processos de recepção, bem como o contexto e as circunstâncias em que determinada declaração é proferida. Da frase "aquele homem vem de Milão", ouvida, digamos, no contexto de uma estação de trem na Itália, podemos esperar pouco ou nenhum impacto transformador no receptor (claro, ela terá conotações diversas para quem estiver esperando receber importantes notícias de Milão). Todavia, uma frase como "aquele homem vem de Baçorá" pode, por exemplo, despertar a lembrança de um lugar fantástico, mencionado nas *Mil e Uma Noites*. Nesse caso, a frase irá gerar um campo de "lembranças e sentimentos, a sensação de uma proveniência exótica" que evoca imagens de tapetes voadores e odaliscas (Eco, 1971, p. 77). Aqui penetramos na esfera da experiência estética. Mas Flusser vai além disso, e sugere uma teoria de conhecimento (*Erkenntnistheorie*) que se aproxime da verdade por meio de seu oposto, tornando

---

[13] Refiro-me, claro, ao célebre personagem da "ficção filosófica" *Vampyroteuthis Infernalis*, que Flusser elaborou em parceria com o artista Louis Bec. Mais detalhes sobre essa figura algumas linhas à frente.

as afirmativas cada vez mais improváveis. Uma estratégia que, segundo ele, já foi empregada, por exemplo, na Escolástica ou na prática talmúdica. Trata-se, então, de buscar um acercamento da verdade por meio de uma *reductio ad absurdum*. Efetivamente, é nessa espécie de procedimento que reside o verdadeiro ato criativo, expresso também na famosa noção de Leonardo da Vinci tão apreciada por Flusser, a "fantasia essata". O ensaio termina com um aceno às imagens sintéticas como caminho futuro para essa intrigante nova teoria do conhecimento.

Em *Kommunikologie weiter denken*, Flusser retoma e desenvolve mais claramente a problemática. Partindo da concepção cibernética (que Eco, aliás, também emprega frequentemente em suas obras), ele afirma que o valor da informação cresce com a tendência ao improvável:

> [...] quanto mais ficcional, mais informativo. Entre ficção e conhecimento ou aquilo que o homem anteriormente chamava, digamos, realidade, existe uma diferença de grau. Consequentemente, a ciência é uma espécie de ficção. E a ficção provê conhecimento (*wissen*). A separação entre ciência e arte deve, assim, ser superada através da informática (2008, p. 50).

A ficção filosófica de Flusser realiza, assim, algo que poderíamos definir como uma epistemologia fabulatória – estratégia de aproximação da verdade pela via do falso e do ficcional, valorizando as afirmações contra-intuitivas e o poder do espanto. E como se poderia definir sinteticamente esse empreendimento? Tomemos o exemplo extraordinário da fábula flusseriana do *Vampyroteuthis Infernalis*[14]. Nesse singular livro, Flusser imagina e descreve detalhadamente o estranho octópode que dá nome à obra. Vampyroteuthis, animal que vive nas fossas abissais e assim se encontra nas antípodas do humano, é usado como ferramenta alegórico-epistemológica para produzir uma reflexão filosófica sobre temas como a situação existencial do homem, a memória, a arte e nossos aparatos tecnológicos. Curiosamente, apenas quatro anos após a publicação de *Vampyroteuthis Infernalis*, o filósofo deleuziano Manuel De Landa irá também produzir uma espécie de ficção teórica em linhas surpreendentemente próximas da proposta de Flusser. Em seu *War in the Age of Intelligent Machines* (1991), De Landa conta a história das tecnologias de guerra (fortemente interligadas, como demonstrou Friedrich Kittler, às tecnologias midiáticas) a partir do ponto de vista de um robô inteligente. Claro, para esse robô historiador, as odisseias humanas seriam interessantes apenas na medida em que refletissem os desenvolvimentos maquínicos. Por exemplo, em lugar de investigar como os humanos desenvolveram relógios, ele daria ênfase à forma como esses instrumentos determinaram a cultura e a visão de mundo em um período histórico no qual o universo era representado como um sistema de engrenagens e rodas dentadas. Nesse radical deslocamento do olhar, "o papel dos humanos seria visto como pouco mais que o de industriosos insetos polinizando uma

---

[14] Para uma análise mais extensa da obra, em suas versões em português e alemão, ver o quinto capítulo de Felinto & Santaella (2012).

espécie independente de "flores-máquinas" que simplesmente não possuíam seus próprios órgãos reprodutivos durante um segmento de sua evolução" (De Landa, 2003, p. 3). Tanto Flusser como De Landa, empreendem, dessa forma, exercícios epistemológico-imaginativos centrados na desconstrução do olhar antropocêntrico, criando a ficção de uma distância que talvez possibilite observar os fenômenos (a história, as tecnologias, o mundo) a partir de uma perspectiva diferente, inovadora e imaginativa. Nessa nova forma de "ficção científica", o robô de guerra de De Landa e a lula-vampiro[15] de Flusser constituem modos de colocar nosso conhecimento do mundo entre parênteses (como na epoché fenomenológica), dissolvendo o familiar e permitindo a emergência de aspectos "inusitados" dos objetos analisados.

No espírito da discussão aqui empreendida, parece adequado encerrar este capítulo com uma pequena ficção teórica (uma hipótese?), que também não poderá ser explorada adequadamente neste momento. Perguntemos: e se toda a obra de Flusser, inclusive sua complexa proposição de história cultural, se desenvolver igualmente no registro da fábula filosófica? Ora, a progressão histórica de imagem para texto e em seguida para imagem técnica é simétrica demais, redonda demais em suas articulações, e carregada demais de efeitos poéticos em seus desenvolvimentos para ser simplesmente "verdadeira". Ela não é uma verdade científica demonstrável, nem uma tese que

---

[15] Uma tradução literal do delicioso e fascinante nome científico do personagem flusseriano: a "lula-vampiro do inferno".

possa ser argumentada de forma inteiramente racional. Antes, pode bem ser uma fábula filosófica que se aproxima do verossímil precisamente em seus momentos de maior improbabilidade. Afinal de contas, o que Flusser quer dizer com frases como "a nova magia é a ritualização de programas, visando programar seus receptores para um comportamento mágico programado" (2002, p. 16)? Parte do poder desse tipo de articulação vem de sua poeticidade potencial, do efeito de estranhamento que produz no leitor. Defendendo essa tese, eu estaria, portanto, concordando com a sugestão de Andrea Calderón de que muitas das críticas feitas a Flusser perdem o alvo, pois não consideram que sua falta de rigor científico possa ser intencional e programática. No cerne do projeto flusseriano, encontra--se um questionamento sobre a condição ficcional de todo discurso, especialmente do discurso científico (2012, p. 1).

Em um momento em que tanto as Humanidades como as ciências da natureza parecem atravessar uma profunda crise, por que não repensar o papel da imaginação na pesquisa e na investigação científica? Hayden White já propôs, com considerável êxito, que a escrita da história é essencialmente um ato poético, no qual estruturas e formas literárias intervêm maciçamente (Cf. White, 1973). Talvez seja apenas um preconceito epistemológico que nos impeça de enxergar a parte maldita da ficção em todo fazer científico. Em *Kommunikologie weiter denken*, Flusser encerra seus argumentos sobre verdade e falsidade com uma curiosa anedota. Num campo de concentração, um supervisor da SS se dirige a um prisioneiro e o desafia: "Eu tenho um olho artificial e outro real. Se você adivinhar qual é o artificial, eu te poupo de castigo". O prisioneiro imediatamente responde: "O olho direito é o falso". Surpreso, o oficial da SS lhe pergunta como pôde adivinhar tão rapidamente. "É que ele tem uma expressão humana", responde o judeu. Aparte toda a multiplicidade de sentidos e o questionamento da noção de humanidade contidas na anedota, uma conclusão é inescapável. O fingir não é próprio apenas ao poeta, mas ao humano em sentido lato. De fato, nossa sobrevivência deveu-se, em boa parte, à nossa capacidade de imaginar, fingir, especular. Deveremos, então, concordar com Nietzsche, como faz Flusser, e afirmar: "Kunst ist besser als Wahrheit" (a arte é melhor que a verdade)? (Flusser, 2008, p. 53).

II. Vampyroteuthis: Flusser ao encontro do Realismo Especulativo[16]

O êxito de uma ideia ou de uma voga intelectual deve sempre ser encarado com cuidados. Afinal, somente a prova do tempo, de uma longa duração, pode definir com alguma certeza a eficácia e utilidade de um conceito ou teoria. Entretanto, é sempre interessante tentar compreender as causas da ascensão e queda das ideias. Esse movimento é indicativo do conjunto de valores normativos que regem uma cultura e do imaginário no qual ela está mergulhada. Analisar essa dinâmica nos dá pistas importantes sobre os mecanismos de funcionamento da sociedade e suas instituições. No caso do chamado Realismo Especulativo, independente do que se possa pensar sobre suas teses e proposições específicas, chama atenção a rapidez com que foi absorvido no debate público[17]. Se ainda se encontra

---

[16] Uma versão deste capítulo foi publicada como "Realismo Especulativo, comunicação e a Lula-Vampiro do Inferno", na revista *ECO-PÓS*, v. 21, n. 2 (2018).

[17] Uso aqui o termo "debate público" plenamente consciente de que se trata de temas e problemas de interesse de um público eminentemente acadêmico e, portanto, bastante limitado numericamente. Todavia, vale assinalar que a popularidade do Realismo Especulativo atravessa hoje fronteiras disciplinares, manifestando-se em nichos tão diversos quanto a arquitetura, as artes, a filosofia,

certa resistência ao movimento em departamentos de filosofia em universidades norte-americanas ou europeias, seu estrondoso sucesso em espaços "alternativos", como a blogosfera, é digno de interesse. O que proponho fazer neste capítulo é oferecer algumas pistas sobre as razões desse sucesso, ao mesmo tempo que dar sugestões sobre por que o Realismo Especulativo e a ontologia dirigida aos objetos poderiam se revestir de interesse específico para o campo de estudos da comunicação.

Segundo relatos de seus próprios fundadores, o movimento teria tido início em abril de 2007, quando Ray Brassier, Iain Hamilton Grant, Graham Harman e Quentin Meillassoux apresentaram uma série de palestras sob a égide do termo Realismo Especulativo no Goldsmith's College da Universidade de Londres. Como toda história de origem, também esta é cercada de mitos e incertezas, mas importa menos saber os detalhes da gênese do que atentar para a velocidade com que seus propositores tomaram de assalto os ambientes on-line. De fato, recordo claramente o espanto com que me defrontei, em 2009, após meu primeiro contato com as ideias do movimento (pela leitura de *Guerrilla Metaphysics*), com a variedade de espaços on-line nos quais já se iniciavam debates acalorados sobre o Realismo Especulativo e a ontologia dirigida aos objetos (*object-oriented ontology*, ou OOO). Como explicam Bryant, Srnicek e Harman, o uso de plataformas

---

o design e mesmo os estudos de comunicação.

on-line foi fundamental para a difusão eficaz das propostas do Realismo Especulativo:

> [...] o rápido ritmo da existência on-line também estabelece um marcado contraste com os períodos de longa espera típicos das publicações acadêmicas com revisão de pares e das editoras tradicionais [...] O mundo on-line alterou rapidamente o terreno intelectual, e parece ser uma aposta justa dizer que a experimentação mal começou (2011, pp. 6 - 7).

Este é um dado de interesse em si mesmo. O fato de que densos e obscuros debates filosóficos possam mobilizar tantas atenções, de um modo tão intenso e rápido, pode parecer espantoso para quem conhece a lentidão e o fechamento típicos das discussões acadêmicas, especialmente no domínio da filosofia. Não é casual, portanto, que as origens do Realismo Especulativo estejam intimamente entrelaçadas a blogs e fóruns de discussão on-line. Trata-se de um grupo de pensadores relativamente jovens, muitas vezes mais dedicados a publicar posts em seus blogs pessoais que a debruçar-se sobre a elaboração de longos tratados filosóficos. De fato, a velocidade com que Graham Harman produz libelos, pequenos livros introdutórios e aplicações de suas teses a campos e autores específicos, possivelmente assusta aos que defendem o paciente e demorado labor do pensamento. No pós-escrito ao trabalho acidamente crítico de Peter Wolfendale sobre a *object-oriented philosophy*,

Ray Brassier chega a acusar Harman da invenção de um novo gênero: *"philosophy-marketing"* (Wolfendale, 2014, p. 411). Sem dúvida, existe um elemento "espetaculoso" em torno do movimento: sua rápida popularização, sua ocupação contínua de espaços extra-acadêmicos, mas de grande visibilidade (como o Transmediale, o festival de arte eletrônica de Berlim), e sua associação com a ideia de uma *"intellectual fad"*[18] fazem do Realismo Especulativo não somente um fenômeno acadêmico, mas também comunicacional. Como nos ensina a teoria das "materialidades da comunicação"[19] (e, antes dela, McLuhan), uma mensagem não pode ser desvinculada do suporte através do qual é veiculada.

É claro que os proponentes do Realismo Especulativo, assim como seus apoiadores e detratores, publicam livros e organizam debates em universidades. Aliás, é bastante impressionante a quantidade de obras já publicadas sobre o tema em tão curto período (pouco mais de 15 anos). Todavia, foi entre blogs e sites na internet que se travaram as principais discussões e articulações do movimento. Bryant, Srnicek e Harman evocam, inclusive, a experiência prévia do CCRU, o *Cybernetic Culture Research Unit*, em meados dos anos 1990, como um antecedente importante: "A criatividade e produtividade desse coletivo se deveu, em grau significativo, à sua construção de um espaço fora

---

[18] Veja-se, por exemplo, o *thread* iniciado no site Reddit em 2010: "Speculative Realism – "serious" philosophy or incoherent fad? What do you think?". Disponível em <https://www.reddit.com/r/philosophy/comments/9qns3/speculative_realism_serious_philosophy_or/>

[19] Cf. Gumbrecht & Pfeiffer, 1994.

das restrições da academia tradicional" (2011, p. 6). Se a utilização desses espaços representa, de fato, um ganho em termos de democratização do saber, diálogo entre pesquisadores e aperfeiçoamento da *scholarship* é uma questão que devemos deixar ainda em aberto. Mas por que faz sentido, inclusive de um ponto de vista, digamos, "filosófico", marcar decididamente a conexão entre Realismo Especulativo e a internet como plataforma de divulgação? Acima de tudo, parece-me, porque os filosofemas característicos do movimento se alinham com formas cognitivas e ideologias que estão profundamente ligadas às tecnologias digitais desde suas origens históricas.

A era digital trouxe toda uma nova dimensão de problemáticas envolvendo a relação do homem com a tecnologia, a emergência de questões como o pós-humanismo, os "novos" materialismos, o questionamento de certos modos de distinção tradicionais entre "real" e "virtual", a desconstrução de postulados antropocêntricos – todos tópicos com os quais o Realismo Especulativo e a ontologia dirigida aos objetos estão, direta ou indiretamente, envolvidos. Exemplo claro dessa espécie de conexão pode ser encontrado no trabalho recente de Levi Bryant, que se propõe a produzir uma "onto-cartografia" de máquinas e meios (2014). De fato, no capítulo intitulado "Towards a Post-Human Media Ecology", Bryant conjuga o tema do pós--humanismo à questão da necessidade de um novo olhar sobre a problemática do maquinismo: "Mídias – o que aqui tenho chamado de 'máquinas' – são formativas da ação humana, relações sociais e *design* em uma variedade de aspectos que não se originam simplesmente dos próprios humanos" (2014, p. 22). Bryant retoma, inclusive, a noção de *"alien phenomenology"*, desenvolvida por Ian Bogost[20], para sugerir modos de investigação sobre como outras entidades (não humanas) experimentam o mundo em seu entorno – uma espécie de "observação de segunda ordem", no sentido que Luhmann atribui ao termo (2014, p. 62). Ocorre que o Realismo Especulativo e a OOO nasceram de um desejo de superar a tradicional perspectiva antropocêntrica das nossas formas de saber, buscando dirigir atenção especial ao mundo das coisas e objetos. Na verdade, esse renovado interesse pelo mundo das coisas parece constituir um aspecto mais amplo da cena acadêmica contemporânea, da qual o movimento filosófico de que aqui tratamos compõe apenas uma parte. Bruno Latour parece estar na linha de frente dessa "virada objetual", mas ela tem sido propugnada por vários autores nos mais diferentes *fronts* intelectuais. Na Alemanha, por exemplo, a coleção de ensaios intitulada *Die Wiederkehr der Dinge* (*o Retorno das Coisas*, 2011), assim como o pequeno livro de Dorothee Kimmich, *Lebendige Dinge in der Moderne* (*Coisas Vivas na Modernidade*, 2011), e a coletânea *Cinematographic Objects* (2015) dão testemunho da curiosidade contemporânea com os objetos. Em certo sentido, essas abordagens respondem ao apelo, feito por Hans Ulrich Gumbrecht já em 1994, por teorias que possam integrar "formas de auto-referência humanas" que sejam "menos

---

[20] Ian Bogost se alinha com as propostas da OOO, sendo um dos interlocutores mais frequentes e próximos de Graham Harman. Seu campo de pesquisa principal são os vídeo-jogos.

antropocêntricas", "menos anti-tecnológicas" e "menos transcendentais" (1994, p. 392). Desse modo, não é casual o interesse que o pensamento de Latour vem despertando entre pesquisadores de comunicação, inclusive no Brasil (Cf. Lemos, 2013; Santaella, 2016). Tal virada se dá, também, paralelamente a uma preocupação especial com a dimensão material dos meios de comunicação, como se pode observar nos trabalhos do próprio Gumbrecht, mas também nos chamados pensadores da "teoria da mídia alemã" (Friedrich Kittler, Bernhard Siegert, Wolfgang Ernst, etc). Stefan Munker chega a apontar o que define como uma "virada medial" da filosofia, na qual os meios já não são vistos como simples transmissores de informação, mas sim como constitutivos de nossa relação com o mundo e, portanto, como marcos fundamentais das condições transcendentais do pensamento (2009, p. 20).

Para o Realismo Especulativo, esse direcionamento aos objetos se dá como consequência do projeto de superar o que Quentin Meillassoux chamou de "correlacionismo", ou seja, um postulado intelectual no qual a filosofia vem operando a partir de Kant, e que consiste em reduzir todo ente à correlação que se estabelece entre sujeito e objeto. Nas palavras do próprio Meillassoux, trata-se da "ideia segundo a qual nós sempre temos acesso somente à correlação entre pensamento e ser, e nunca a qualquer um dos termos considerado separadamente do outro" (2009, p. 5). Vários intérpretes concordam que o diagnóstico de Meillassoux é potente e habilidoso. Mesmo antes da noção de correlacionismo emergir, Graham Harman havia estruturado seu tratado *Guerrilla Metaphysics* (2005)[21] partindo da problemática do acesso humano às coisas – uma petição de princípio que, segundo ele, uniria as tradições analítica e continental em filosofia. Em outras palavras, ambas estariam mais interessadas nas formas de acesso humano ao mundo do que nos objetos do mundo. Desse modo, toda a fenomenologia, não importa de que extração seja, faz desaparecer a realidade das entidades como forças genuínas a serem consideradas no mundo, como legítimos agentes "exercendo influência para fora de si mesmos, ainda que se escondendo por trás de suas superfícies expostas" (Harman, 2005, p. 11). Lembro-me do fascínio com a leitura dessas linhas, mas ao mesmo tempo da decepção ao descobrir a alternativa proposta. Ou seja, o mistério parecia mais interessante que a solução do mistério. A partir de um diagnóstico preciso, o receituário de Harman soava vago demais: a "filosofia quádrupla", com sua "causação vicária", sua *"allure"*, sua noção de permanente afastamento (*withdrawal*) das coisas não oferecia uma saída satisfatória. Permanecia aberta, a meu ver, a questão essencial: como efetivamente operar um retorno às coisas, uma autêntica "ontologia dirigida aos objetos" sem passar pelo imperioso filtro da subjetividade humana? Alguns anos depois, Ian Bogost irá formular claramente essa questão em seu exercício de "fenomenologia alienígena": "Uma vez que estejamos 'mesmerizados' pelos objetos no mundo, como poderemos

---

[21] O original francês de *After Finitude* (*Après la finitude*) foi publicado em 2006; *Guerrilla Metaphysics*, em 2005.

proceder para entender algo sobre percepção interobjectual?" (2012, p. 65). Sua resposta, mesmo que seguindo muito de perto os raciocínios de Harman, dá alguns passos adiante. Na ideia de "metaforismo", desenha-se o esboço de um método para investigar os objetos[22]. Método que reconhece a inevitabilidade do "centrismo" de qualquer ponto de vista (seja antropo/centrismo ou outro); método atravessado por noções – como as do "alienígena" e do "espanto" (*wonder*) – que me parecem apontar para aspectos importantes de um possível exercício de observação menos centrado no humano.

Todavia, é ainda em um terceiro autor que sugiro buscar uma proposição metodológica mais satisfatória. Trata-se de uma teórica que, curiosamente, não se vincula diretamente ao movimento do Realismo Especulativo, e que é mais conhecida por seus trabalhos sobre tecnologia digital e o tema do pós-humano. Mais curiosamente ainda, ela desenvolve suas sugestões a partir de um pensador e de um livro que têm absorvido intensamente minha atenção nos últimos anos: Vilém Flusser e seu exótico *Vampyroteuthis Infernalis* (1987)[23]. No quinto volume da revista *Speculations*, dedicada precisamente à discussão de problemas relacionados ao Realismo Especulativo e à

---

[22] "Em um sentido literal, *o único modo de efetivar a fenomenologia alienígena é por analogia*" (Bogost, 2012, p. 64).

[23] A data de publicação aqui é a da edição original alemã. Como se sabe, era uma prática corrente de Flusser traduzir seus próprios textos em outras línguas. O arquivo Flusser de Berlim encontrou entre seus manuscritos versões em português e francês do mesmo ensaio. A versão em português foi publicada somente em 2011, pela editora Annablume.

OOO, Katherine Hayles apresenta um artigo no qual propõe o desenvolvimento de uma "estética especulativa". Partindo da premissa evidente que toda a teoria estética é predicada na percepção humana, Hayles se pergunta como seria possível formular uma outra estética na qual diferentes seres ou objetos inanimados poderiam ser incluídos. Hayles nos oferece, inclusive, uma relevante crítica da abordagem de Harman, ao questionar sua vaga noção de "*allure*" (as qualidades sensuais de um objeto): o que significa, afinal de contas, esse "deslumbramento" que, por exemplo, o fogo experimentaria em sua relação com o algodão? No sentido de ir além dessa terminologia insuficiente, Hayles sugere a elaboração de uma "perquirição dirigida aos objetos" (OOO) a partir de dois textos que se sobrepõem, mas também divergem parcialmente: precisamente a Fenomenologia Alienígena, de Bogost, e *Vampyroteuthis Infernalis*, de Flusser. O que ela encontra de interessante em Flusser – e que jamais poderia estar presente em Harman ou Bogost – é uma técnica que "envolve projetar a imaginação humana no outro não humano e, assim, longe de escapar do antropomorfismo, nele se delicia, ainda que numa forma complexa que simultaneamente tanto o reforça quanto o mina" (2014, p. 160).

Hayles descreve o conteúdo desse estranho livro de Flusser, cujo protagonista é uma lula que habita nas profundezas do oceano (a "lula-vampiro do inferno") e que funciona como uma espécie de espelho invertido do humano. Ela é ao mesmo tempo uma alegoria de certos aspectos de nossa experiência e o retrato de uma entidade completamente alienígena e distante de nossa experiência de mundo. É na apresentação da "cultura" e da "arte" de Vampyroteuthis que, segundo Hayles, o método projetivo de Flusser se mostra mais produtivo. Essa estranha aproximação da arte e da cultura – domínios tradicionalmente considerados como exclusivos do humano – à "lula-vampiro do inferno" permite a Flusser tecer certos *insights* interessantes a respeito de nossas relações com a tecnologia e com nossos semelhantes. Certo, tais *insights* poderiam ser alcançados mesmo sem a utilização dessa complexa alegoria, porém, "o caminho através da comparação resultou em uma desnaturalização das pressuposições humanas, permitindo uma posição crítica quanto a assunções sobre estética e muitas outras coisas" (2014, p. 166, grifos meus). O método consiste, pois, numa espécie de extrapolação a partir de uma base científica (aquilo que a ciência sabe do Vampyroteuthis) conjugada a projeções imaginativas visando entender a criatura não apenas em termos científicos, mas também "da sua própria experiência fenomenológica do mundo" (*Ibid.*). Para Hayles, mais importante do que a suposta atração que um objeto emana para outros, como sugerem Harman ou Bogost, é a resistência que eles oferecem às manipulações e formas de entendimento humanas (uma ideia profundamente flusseriana). É exatamente na intercessão entre os tipos de engajamentos que os objetos nos oferecem a partir de sua resistência (e que nos força a investigá-los a partir de variados pontos de vista) e a possibilidade de projeções imaginativas humanas em seus mundos que se desenvolve a "perquirição dirigida aos objetos" de Hayles.

Partimos do corpo de conhecimento oferecido pela ciência, mas o extrapolamos através de especulações a respeito de como um determinado ente experimenta o mundo. Elemento-chave da equação, portanto, a imaginação adquire aqui uma dimensão epistemológica. Pelo fato de que todos os seres e objetos exibem certa coerência interna, torna-se possível desenvolver "narrativas que têm eficácia causal e preditiva" (2014, p. 172, grifos meus). Claro, isso não significa que as narrativas desenvolvidas possam exaurir todos os modos de existência de um objeto no mundo. Ainda que Flusser possa ser acusado de certo viés humanista romantizado ao construir Vampyroteuthis como um outro do humano, ele conquista "interpretações provocativas" que permaneceriam de outro modo "opacas" (*Ibid.*, p. 174). Trata-se, acredita Hayles, de uma proposição semelhante à que Jane Bennett elabora em seu livro *Vibrant Matter*: nós, humanos, temos a capacidade de nos projetar imaginativamente em outras entidades, e isso envolve uma dimensão estética. Em outras palavras, mesmo que os objetos se subtraiam (*withdraw*) continuamente à nossa tentativa de apreendê-los, ainda podemos dizer muitas coisas sobre suas qualidades reais. Claro, isso envolve um poderoso, mas também produtivo paradoxo:

> [...] a imaginação humana é a melhor maneira, talvez a única maneira, de se mover para além do antropocentrismo em direção a um entendimento mais nuançado do mundo enquanto composto de

uma multidão de visões de mundo[24], incluindo aquelas dos outros organismos biológicos, artefatos feitos pelo homem e objetos inanimados (*Ibid.*, p. 176).

Desse modo, o empoderamento da imaginação humana desempenha um papel fundamental em qualquer proposta de pensar uma estética (ou mesmo uma epistemologia?) de caráter não antropocêntrico. De fato, tudo indica que nós, humanos, somos particularmente hábeis na arte dessas projeções imaginativas. Entretanto, isso não significa que devamos restabelecer o especismo humano na ordem do mundo. Na verdade, se necessitamos dessa habilidade é precisamente por causa de nossa tendência de continuamente nos considerarmos como especiais. Ela seria, portanto, componente fundamental para o combate do nosso antropocentrismo inato, uma espécie de mecanismo compensatório necessário.

Apesar da extrema juventude do Realismo Especulativo, já se pode contar com algumas análises abrangentes, visando não apenas descrições mais precisas do movimento, senão o apontamento de suas possíveis deficiências e contradições. Talvez uma das recensões mais competentes nesse sentido seja o ensaio de Louis Morelle, "Speculative

---

[24] Sinto-me tentado a traduzir "world views", aqui, como "pontos de vista" antes que "visões de mundo", dada a importância que essa noção exerce, creio, em qualquer tentativa de constituição de um olhar não humano – sem falar no papel fundamental que desempenha em Flusser. Quiçá, também, na obra de Eduardo Viveiros de Castro.

Realism: After Finitude and Beyond?" (2012). Sua leitura, ainda que bastante difícil, é recomendável a todo aquele que tem interesse em obter um conciso panorama do Realismo Especulativo e da OOO. Todavia, em vez de nos debruçarmos sobre as minúcias filosóficas do movimento (o que demandaria muito mais que o espaço permitido por este capítulo), parece mais interessante explorar algumas de suas possibilidades para certos domínios das ciências humanas e, mais especificamente, para o campo da comunicação. O complemento às proposições da OOO que foram acima descritos por referência ao artigo de Hayles parece um bom começo, inclusive por partirem de um pensador que é identificado, com frequência, como "teórico da comunicação". De fato, boa parte da obra de Flusser é dedicada a compreender os mecanismos da comunicação humana, nossas formas de relação com os meios e as transformações que tais meios efetivam sobre o humano (o que nos leva ao tema do pós-humanismo). E trata-se de uma obra na qual a noção de "ficção filosófica" efetua, ao menos parcialmente, as possibilidades de uma estética especulativa. Ora, vale lembrar que as problemáticas da materialidade dos meios, da distribuição de agência pelo universo das coisas e do descentramento do humano sempre tiveram posição de destaque nos escritos de Flusser. Mais que isso – algo que me parece ter sido continuamente ignorado pelos intérpretes do pensador –, seu singular estilo de escrita e argumentação nos confronta continuamente com uma forma de apresentação dos seres e coisas que é da ordem de uma quase palpabilidade. Suas descrições, ao mesmo tempo poéticas e enraizadas na materialidade do mundo, produzem efeitos que se aproximam, creio, de certas pretensões do Realismo Especulativo. No capítulo sobre o cedro em *Natural: Mente*, após despir a árvore da série de imagens e preconceitos humanos que a cercam, Flusser termina por apelar para sua "estranheza e estrangeiridade". Se é impossível sair de nosso círculo antropocêntrico, por que não convocar um elemento que talvez unifique a experiência do cedro com a do observador? E em vez de lançar mão de respostas, por que não estruturar a investigação na forma de perguntas: "Quem sabe, certas respostas não poderão ser provocadas no próprio cedro? Perguntas provocantes que fazem o cedro falar" (2011b, p. 43). O cedro em questão se trata de uma árvore transplantada artificialmente de seu habitat natural para um parque francês. Após uma série de movimentos contraditórios, nos quais se sai e se retorna continuamente ao homem, Flusser conclui: "Estrangeiro (e estranho)[25] é quem afirma seu próprio ser no mundo que o cerca. Assim, dá sentido ao mundo, e de certa maneira o domina" (2011b, p. 47).

Há uma dimensão de resistência, de irredutibilidade no cedro, algo que Flusser identifica com a noção de estranheza. É verdade que, como vítima de seus incuráveis resíduos humanistas, Flusser frequentemente limita o alcance de seu método experimental e imaginativo. No campo da comunicação, sua reflexão sobre os meios parte de uma concepção cibernética e matemática, tornando os conteú-

---

[25] Poder-se-ia ainda dizer: "alienígena".

dos (semânticos) das mensagens menos importantes que a estrutura, as formas e os meios como essas mensagens são veiculadas. Em seu ensaio sobre "Meios de Comunicação", Flusser sugere que o campo de pesquisas no qual os comunicólogos operam deveria "incluir todos os objetos" (2016, p. 46), e não apenas aqueles que tradicionalmente entendemos como meios. Quando, em seguida, trabalha com a imagem da parede da prisão, na qual o prisioneiro produz um registro de sua captura, Flusser desenvolve a tese de que a mensagem resulta da interferência entre esse uso humano do objeto e as demandas do próprio objeto. "Claro, a parede tem a sua própria estrutura objetiva, aquela das pedras, que foram ordenadas de uma forma específica. E essa estrutura irá interferir com a que foi mexida [pelo prisioneiro]" (Flusser, 2016, p. 47). Com efeito, para Flusser, qualquer objeto em nosso entorno pode servir como um meio de comunicação (*Ibid.*, p. 53). Por aí, se percebe a importância que o conceito de relação adquire no pensamento flusseriano.

Se para Harman, McLuhan é verdadeiramente um filósofo por colocar a questão da relação entre fundo (*ground*) e figura (*figure*) em termos que se sobrepõem aos da OOO (Harman, 2016), eu diria que Flusser é um (hesitante e incompleto) praticante do Realismo Especulativo por suas repetidas tentativas de corroer o antropocentrismo e caracterizar os meios como complexos agregados de sentido e materialidade. Nesse sentido, aproxima-se de noções que Levi Bryant desenvolve, por exemplo, em sua onto-cartografia:

Meios tecnológicos, o *layout* de estradas, rios e linhas de força, tornados e furacões, recursos e assim por diante: todos desempenham um papel significativo na forma que agregados sociais (*social assemblages*) tomam como comunicações. Comunicações são apenas um elemento entre outros nos agregados sociais (2014, p. 122).

As teias de relações complexas entre humanos e objetos de toda natureza formam uma legítima "ecologia" para a qual os estudos de comunicação devem estar atentos. No contexto brasileiro, tal espécie de preocupação emergiu incialmente através da leitura da obra de Bruno Latour. André Lemos, por exemplo, partiu de Latour e de Harman para desenvolver as teses do livro *A Comunicação das Coisas: Teoria Ator-Rede e Cibercultura* (2013). Entretanto, é a Lúcia Santaella e seu grupo de pesquisa Transobjetos que se deve a mais abrangente e contínua difusão das ideias do Realismo Especulativo no Brasil[26].

Tanto o pensamento de Latour quanto as teses do Realismo Especulativo vêm encontrando acolhida, ainda que tímida, nos domínios da comunicação e dos estudos de

---

[26] Lucia Santaella foi uma parceira fundamental do projeto "A Vida Secreta dos Objetos", materializado inicialmente em 2012, na forma de uma grande conferência internacional realizada no Rio de Janeiro, São Paulo, Salvador e Fortaleza sob minha coordenação. Contando com a participação de Bruno Latour e Graham Harman, o evento representou um marco na introdução das ideias do novo movimento filosófico no Brasil. O tema das "ecologias da mídia" foi tópico da segunda edição do simpósio, realizada no Rio de Janeiro e São Paulo, em agosto de 2015. O *website* do grupo de Santaella, importante fonte de informações sobre Realismo Especulativo e OOO, encontra-se em < https://transobjeto.wordpress.com/>.

mídia, especialmente no campo da cultura digital. Steven Shaviro e Alexander Galloway, por exemplo, engajaram-se intensamente em seus debates. Para Shaviro, contudo, o filósofo Alfred North Whitehead antecipa o Realismo Especulativo e talvez ofereça alternativas mais interessantes que as postuladas atualmente pelo movimento (2014). Galloway, por sua vez, prefere alinhar-se ao pensamento do filósofo francês François Laruelle[27], dado que as figuras mais tradicionalmente associadas ao movimento pecariam por desconsiderarem importantes aspectos políticos em nome de uma ontologia "achatada" (Cf. Galloway, 2013, 2014). O que realmente importa destacar é que o Realismo Especulativo nasce em um clima intelectual favorável a empresas que tenham em seus pressupostos uma defesa do realismo, da materialidade das coisas, da ressignificação do conceito de agência e da desconstrução dos postulados antropocêntricos. Dentre esse conjunto de problemas, o mais importante talvez seja o tema da "objetualidade" (se me é permitido empregar tal neologismo). Como argumenta Brenton Malin, "a questão do objeto da comunicação conquistou nova importância por meio de trabalhos recentes debatendo o status dos objetos enquanto tais" (2016, p. 1). Malin subscreve parcialmente as críticas de Galloway, mas afirma que o problema do Realismo Especulativo não é tanto o desprezo da política quanto o fato de ignorarem importantes aspectos da realidade material dos objetos (que supostamente se propõe a defender).

---

[27] A quem Louis Morelle define, em seu artigo, como praticante de um "niilismo normativo" ou transcendetal (2012, p. 257).

A redução da realidade a construtos discursivos no pós-estruturalismo roubou dos objetos a possibilidade de uma voz autônoma. O mundo passa a ser filtrado pela linguagem, e as coisas perdem materialidade. Malin sugere que esse tipo de argumento é bastante familiar aos estudiosos da mídia. O problema do Realismo Especulativo, contudo, é o fato de obscurecer excessivamente as redes de relações estabelecidas entre as coisas (ou entre as coisas e os humanos) para buscar continuamente um foco nas próprias coisas. O que temos aqui, afirma Malin, é uma "ontologia dos objetos explicitamente antissocial" (2016, p. 9). Coincidentemente, Malin também apela ao Vampyroteuthis Infernalis flusseriano para defender a noção de que, se tentamos analisar a lula fora da rede de relações que compõe com seu meio ambiente, estaremos lidando apenas com uma ideia abstrata da criatura em lugar da "própria coisa". Para Malin, o desprezo do Realismo Especulativo pelo social tem implicações especialmente importantes quando tecnologias midiáticas estão envolvidas (*Ibid.*, p. 11). As análises que Levi Bryant faz dos videogames ou da indústria de notícias ilustram perfeitamente essas deficiências, segundo Malin. Desse modo, o Realismo Especulativo precisa se dar conta de que o fato de forças políticas econômicas existirem em formas discursivas como sistemas monetários, índices televisivos ou estratégias de propaganda não deveria impedi-las de serem percebidas como os objetos que efetivamente são (*Ibid.*, p. 15). A materialidade "incorporal" dessas entidades não é menos significativa ou importante que a materialidade palpável de um muro.

Apesar de todos esses reparos, Malin crê que existe valor em "pensar sobre objetos de comunicação em termos ontológicos similares àqueles desenvolvidos pelos pensadores orientados a objetos" (*Ibid.*). Para isso, no entanto, Malin sugere uma abordagem que classifica como "onto-materialismo", e que se propõe estar atenta tanto ao importante papel que os objetos não-discursivos desempenham quanto aos discursivos.

> Lulas-Vampiro suportam pressões aquáticas que shows de televisão não enfrentam, e shows de televisão suportam pressões político-econômicas que as lulas-vampiro não enfrentam. Todavia, tantos programas midiáticos como criaturas marinhas interagem com seu meio ambiente em formas que simultaneamente moldam tais ambientes e são refratadas de volta através de seu ser como um programa particular ou uma criatura. Ignorar essas interações e pressões significa não compreender a natureza fundamental desses objetos e seu lugar no mundo (*Ibid.*, p. 17).

Em meio a esse complexo debate, talvez a constatação mais importante seja o fato de que a teoria da comunicação ainda necessita se envolver mais seriamente com a materialidade (corporal e incorporal) das tecnologias que usamos para nos comunicar. Se nos concentramos, durante largo tempo, na interpretação das mensagens que circulam pela sociedade, agora é tempo de pensar os modos como a materialidade propriamente técnica dos meios impacta nossa realidade. Se alguns consideram exagerado afirmar, com Kittler, que "os meios determinam nossa situação" (1986, p. 3), que possamos ao menos experimentar, com Flusser, a hipótese de que a estrutura da comunicação seja a estrutura da realidade humana, e que, com isso, a realidade chamada "homem" está se transformando (2016, p. 156). O que esse homem se tornará, ainda não sabemos. Sabemos, todavia, que não pode continuar a enxergar-se no topo da hierarquia ontológica. Antes, deverá pensar o mundo em uma dimensão radicalmente ecológica, radicalmente complexa e entrelaçada, radicalmente alienígena. Nesse sentido, a lula-vampiro do inferno possivelmente tem lições importantes a nos oferecer.

III. Rede, ruído, arte: a poética flusseriana do glitch[28]

A emergência das tecnologias digitais de informação e comunicação acarretou não somente um conjunto de radicais transformações culturais, sociais, políticas e econômicas, mapeado exaustivamente pela literatura teórica desde pelo menos meados dos anos 1980. Ela trouxe consigo, também, um vocabulário e um leque de conceitos que reproduzem, em boa medida, a lógica do efêmero e da superação que governa o próprio desenvolvimento dessas tecnologias. Ou seja, do mesmo modo como a vertiginosa velocidade do progresso tecnológico torna rapidamente antigo e ultrapassado o que ainda há pouco era novo, as palavras e ideias usadas para descrever o universo das mídias digitais têm apresentado um ciclo de vida extremamente curto e tortuoso. Como sucede no reino da moda, elas estão submetidas a uma dinâmica da popularidade volátil. Paralelamente a esse traço determinante, importa observar também o enorme espectro de significações e o

---

[28] Uma versão deste capítulo foi publicada como "Hackers, enxames e distúrbios eletrônicos: erro e ruído como fundamentos para uma poética das redes", em PESSOA, Fernando (org.). *Cyber-Arte-Cultura: a Trama das Redes*. Museu Vale: Vila Velha, 2013.

amplo horizonte de aplicações que muitas dessas palavras engendram. É o caso, por exemplo, do termo "rede", aplicável hoje em uma extensa variedade de domínios. Como explica André Parente, no prefácio à sua coleção de textos sobre o tema,

> [...] a noção de rede vem despertando um tal interesse nos trabalhos teóricos e práticos de campos tão diversos como a ciência, a tecnologia e a arte, que temos a impressão de estar diante de um novo paradigma, ligado, sem dúvida, a um pensamento das relações em oposição a um pensamento das essências (2004, p. 9).

Em seu sentido mais abrangente, o conceito de rede envolve uma concepção ontológica (um modo de ser) que questiona certos princípios organizacionais típicos da modernidade. Em lugar das disposições hierárquicas e de um modelo organizado em torno dos polos centro/periferia, a distribuição em rede representaria uma forma de organização descentrada e não hierárquica. Nesse sentido, a noção de rede teve um impacto considerável no campo da filosofia, onde ela se ligou a propostas de "ontologias achatadas" ou "ontologias minúsculas" (Cf. Bogost, 2012), que entretêm relações importantes com proposições filosóficas como as do Realismo Especulativo, mencionado em capítulos anteriores. Essas curiosas etiquetas indicam simplesmente uma perspectiva filosófica na qual não existiria primazia de determinadas entidades do mundo sobre outras – por exemplo, das coisas vivas sobre as não vivas, ou ainda dos seres humanas sobre todas as outras, no caso de uma visão de mundo tipicamente antropocêntrica. Todavia, não obstante essa promessa de novas ontologias mais abertas, democráticas e equitativas, não faltaram interpretações negativas sobre a emergência da cultura das redes. No caso das redes digitais, por exemplo, discutiu-se exaustivamente o perigo da perda da identidade individual face às redes digitais, nas quais os sujeitos se dissolveriam em um coletivo robótico sem rosto e sem autonomia. Nesse imaginário distópico, uma noção que rapidamente se popularizou (também nos domínios mais diversos, da biologia à informática) ilustra adequadamente o medo da dissolução da individualidade. Trata-se da noção de enxame (*swarm*).

Enquanto entusiastas da cultura digital, como Pierre Lévy, cantavam os louvores de uma "inteligência coletiva", supostamente capaz de produzir uma democracia "distribuída por toda parte, ativa, molecular" (1998, p. 15), os apocalípticos de plantão denunciavam os perigos da perda da singularidade e da excepcionalidade em meio a uma "interminável floresta digital de mediocridade" (Keen, 2007, p. 3). Nessas discussões, a figura do enxame aparecia, vez por outra, como símbolo da aterrorizante e fascinante condição do sujeito na sociedade em rede. A visão das gigantescas massas compactas, guiadas por uma estranha inteligência impessoal cuja origem era indeterminável, sempre despertou temores profundos e ansiedades incontroláveis. Desde as narrativas bíblicas, a ação de monstruosos enxames de gafanhotos, consumindo vorazmente tudo o que se encontrava em seu caminho, foi associada a forças de ordem sobrenatural e sinais do apocalipse iminente. No horizonte da cultura digital, a metáfora do enxame adquiriu tamanha visibilidade que acabou por nos forçar "a repensar alguns dos conceitos metafísicos básicos da sociedade em rede" (Parikka, 2010, p. 47). Nesse sentido, talvez o mais interessante na imagem do enxame seja precisamente as contradições que encerra: inteligência X ignorância; intencionalidade X acaso; ordem X ruído; massa X indivíduo, etc. Como afirma Sebastian Vehlken, em seu monumental estudo sobre as zootecnologias, os "enxames se situam em um campo de forças tensionado entre ordem e perturbação, cujas dinâmicas discursivas e históricas estão claramente em oposição diametral a um olhar centrado no sujeito" (2012, p. 25). A perturbação que as redes produziram na ontologia moderna continua se propagando como um vírus que invade um organismo e debilita progressivamente diferentes órgãos e sistemas. Para alguns, a palavra "rede" já é inclusive insuficiente para dar conta da complexidade da situação contemporânea – veja-se, por exemplo, a noção de imbróglio, de Bruno Latour (2005, p. 46). Pode-se dizer que valorização das ideias de ruído e perturbação constitui parte desse movimento. Tradicionalmente encarado de forma negativa pela teoria da comunicação – ruído é tudo aquilo que atrapalha os livres fluxos informativos – esse par de entidades rebeldes começa agora a ser pensado positivamente, em suas dimensões criativas e transformadoras. Na perspectiva tradicional da cibernética, o ruído equivale à entropia, ou seja, à perda de energia no interior de um sistema (que, em última instância, identifica-se com a morte do sistema). Tomemos um exemplo bastante concreto e trivial: numa conexão de internet banda larga via ADSL (*Asymmetric Digital Subscriber Line*), que usa uma linha telefônica para veicular dados, as informações transmitidas começam a se degradar a partir de uma distância de aproximadamente quatro quilômetros. Desse ponto em diante, as ondas eletromagnéticas que percorrem as linhas telefônicas passam a perder potência. Em outras palavras, a informação vai sendo substituída por ruído, num inevitável movimento entrópico.

Mas por que motivo, então, dever-se-ia valorizar o ruído? Ora, o ruído é aquilo que escapa ao controle, que perturba a ordem, que questiona o sistema. Paradoxalmente, ele é aquilo que obstaculariza o funcionamento do sistema, mas que ao mesmo tempo também o torna possível. De fato, a ordem se constitui através de sua oposição à desordem. O erro e o ruído são responsáveis por aquele aspecto de imprevisibilidade sem o qual não poderia existir diferença e, portanto, a dimensão produtiva do sistema. Um sistema é produtivo ao estabelecer diferença em relação ao seu exterior. Fosse ele inteiramente fechado, sem brechas, autocontido, suas possibilidades produtivas seriam extremamente limitadas. É por essa razão que a intrigante arqueologia dos vírus de computador empreendida por Jussi Parikka não os analisa unicamente como meras perturbações ou ruídos dos sistemas informáticos. No complexo mundo tecnocultural em que vivemos, os acidentes e vírus possuem uma dimensão produtiva. Acidentes não são, como numa concepção aristotélica, externos em relação aos dispositivos técnicos que afetam, mas sim constitutivos desses mesmos aparatos. Mais que romper as regras de um sistema, os vírus fazem uso dessas regras, dobrando-as até o seu limite e as expondo, assim, em sua inteireza (2007, p. 5). De um ponto de vista bastante pragmático, poderíamos perguntar: o que seria das empresas produtoras de *softwares* antivírus – parte essencial, hoje, do capitalismo informático avançado – sem a existência dessas perturbações sistêmicas? Os vírus cumprem, pois, uma importante função na economia do complexo tecnológico, político e social que constitui a cultura contemporânea. Eles permitem que o sistema se examine, questionando seus fundamentos e se reestruturando para que possa operar mais eficientemente.

Para retornarmos ao raciocínio de André Parente, trata-se de produzir relações (entre o interior e o exterior, por exemplo) em vez de trabalhar com essências. Redes e enxames operam a partir de ontologias relacionais. É nas brechas abertas por essas ontologias das redes que emerge uma filosofia como a de Gilbert Simondon, resgatada do quase completo esquecimento por Deleuze. Em Simondon, a tradicional doutrina hilemórfica da individuação (uma entidade nasce da imposição de uma forma, morfé, a uma determinada matéria, hilé) é substituída por uma concepção dinâmica. A forma deixa de ser entidade estática para converter-se em informação, ou seja, num processo dinâmico no qual se efetiva uma transformação. Um sistema é produtivo quando se encontra em estado de equilíbrio metaestável, carregado de forças e potencialidades que ainda não se congelaram em uma estrutura específica. No ser vivo, essa reserva de potencialidades é de tal ordem que permite uma abertura especial e contínua. Como explica Pascal Chabot, "o vivo se caracteriza pela pluralidade de *inputs* e *outputs*, ao contrário do cristal, que resulta de um único *input* inicial [...] O vivo digere as informações e elabora suas respostas. Ele é uma rede" (2003, p. 89).

Entendidos como abertura dos sistemas ao devir e ao inesperado, ruídos e perturbações se tornaram objeto de uma insaciável curiosidade teórica nos últimos anos, em uma rápida multiplicação de estudos que trazem nos próprios títulos as palavras-chave do momento – por exemplo, *Noise Channels*, de Peter Krapp (2011) ou *The Glitch Moment(um)*, de Rosa Menkman (2011). Essa curiosidade apresenta uma importante dimensão estética, dado que o desvio da ordem estabelecida pode ser facilmente interpretado a partir de um ponto de vista artístico. É assim, por exemplo, que Mark Nunes caracteriza o erro em sua introdução à coletânea *Error: Glitch, Noise and Jam in New Media Cultures*: "No seu fracasso em comunicar, o erro assinala uma via de escape dos previsíveis confins do controle informático: um abertura, uma virtualidade, uma *poiesis*" (2011, p. 3). Enquanto uma das promessas centrais da cultura informática se configura nas possibilidades da ordem e do controle, antigos sonhos da cibernética de Wiener, as chamadas "poéticas do ruído" são exploradas por aqueles desejosos de constituir ontologias menos hierárquicas, ordenadas e essencialistas. Essa contradição, importa assinalar, já se encontrava presente na origem mesmo da cibercultura, que nasceu fraturada entre projetos militaristas de controle e os sonhos libertários da contracultura (Cf.

Turner, 2006). Ela é, portanto, constitutiva da experiência cibercultural em sua gênese.

Nesse sentido, talvez seja possível também entender a prática do hackerismo em uma perspectiva artística. Penetrando os sistemas informáticos e subvertendo seus códigos, o hacker produz desvios que não são unicamente da ordem da sabotagem, senão também da estética. O hacker domina a linguagem da máquina (assim como o artista domina seu *medium*) para então subvertê-la, num gesto que frequentemente possui tanto dimensões éticas quanto estéticas. De fato, a expressão "hacker *art*" já conquistou tal direito de cidadania no idioleto da cultura digital que levou a revista Wired, em sua edição de fevereiro de 2012, a denominar o coletivo artístico francês UX (Urban Experiment) como "the new French Hacker-Artist Underground" – não obstante os frágeis vínculos que o grupo efetivamente entretém com as tecnologias digitais. O exemplo é interessante para demonstrar, inclusive, a amplitude semântica que o termo veio conquistar recentemente. Hacker, nessa acepção, é o indivíduo que, atuando contra quaisquer sistemas de ordem e controle (no caso, o próprio governo francês), acaba, todavia, demonstrando a falibilidade desses sistemas e contribuindo para aperfeiçoá-los. O coletivo francês dedica-se a descobrir e denunciar falhas em instituições (por exemplo, museus) ou mesmo reparar secretamente o patrimônio público, como foi o caso da restauração do relógio Wagner, do Panthéon parisiense, paralisado desde os anos 1960, num longo e cuidadoso processo que se arrastou por um ano inteiro. E qual é o segredo do sucesso de suas ações?

O roubo de cópias de mapas da vasta rede de túneis da cidade de Paris:

> Centenas de milhas de túneis de telecomunicação interconectados, eletricidade e água, esgotos, catacumbas, metros e minas. Como hackers de computador, que quebram redes digitais e sub-repticiamente tomam controle das máquinas, os membros da UX desempenham missões clandestinas através dos túneis e aposentos subterrâneos (supostamente seguros) de Paris. O grupo frequentemente usa os túneis para acessar locais de restauração e encenar festivais de cinema, por exemplo, nos porões sem uso de prédios governamentais (2012)[29].

Não é mera coincidência, também, o fato de a imagem dos enxames ser frequentemente associada aos hackers. A típica forma de ataque usada por hackers para derrubar um *website* (*DDoS, distributed denial-of-service*) constitui já há algum tempo um instrumento comum do repertório das práticas de ativistas e artistas (Cf. Bazzichelli, 2011, p. 151). O DDoS consiste simplesmente em usar alguma rotina computadorizada para sobrecarregar um site com milhares de pedidos de visualização simultâneos, de modo a saturar o servidor, fazendo com que o site ou página tornem-se inacessíveis. Desse modo, o DDoS nada mais é que um enxame de requisições de acesso, como se a

---

[29] *Wired Magazine*, Feb. 2012, edição on-line. Disponível em <http://www.wired.com/magazine/2012/01/ff_ux/>

máquina estivesse recebendo solicitações coordenadas de milhares de internautas ao mesmo tempo.

Já no início da década de 1990, quando a revolução informática ainda começava a se firmar, Vilém Flusser assinalava o potencial disruptivo e criativo dos hackers. Segundo Flusser, "eles vivenciam como, através dos fios dessa rede [a internet], o novo é continuamente produzido. Eles são a prova viva da insensatez de toda delimitação de fronteira (*Grenzziehung*) e da potência criativa das chamadas 'zonas cinzentas'" (1994, p. 87)[30]. Não obstante utilizar como palavra-chave o termo "sociedade telemática" para definir o que hoje chamaríamos de "sociedade em rede", Flusser não apenas compreendeu com extrema clareza o potencial das redes, mas também lançou mão de um interessante complexo de imagens poéticas para descrever o que considerava como a oposição entre o modelo do "agrupamento" (*Bündelung*) e o do "enredamento" (*Vernetzung*) – em outras palavras, da comunicação de massas e da comunicação digital. Muitas dessas imagens eram de ordem biológica, como, por exemplo, a figura do verme: "Eu imagino a massa como um gigantesco verme" (*einen riesigen Wurm*). O verme assimila informações, que passam por seu corpo e depois são excretadas, mas em seguida esses mesmos dejetos podem ser novamente consumidos, dado que a massa não possui memória a respeito daquilo que já assimilou (2009, p. 195). O

---

[30] A esse respeito, ver também o capítulo "O Mistério Vilém Flusser", em meu livro *O Explorador de Abismos: Vilém Flusser e o Pós-Humanismo* (2012, com Lucia Santaella).

problema central, portanto, é que a massa não processa verdadeiramente as informações – o que seria, de fato, impossível em uma era pós-histórica. Como sugere Flusser, brincando com as palavras no original alemão, "onde não existe estratificação (*Schichtung*) e, portanto, nenhuma história (*Geschichte*), ali não pode haver também nenhum processamento, nenhuma elaboração" (*Ibid.*, p. 196).

Todavia, começamos a vivenciar uma mudança profunda na sociedade em rede. Se antes as pessoas desejavam apenas consumir, elas agora querem jogar. A imagem do jogo, da brincadeira (*Spiel*) constitui um tropo central da argumentação flusseriana. Pois passamos a processar informações para que possamos, idealmente, jogar com elas, usando-as e reelaborando-as criativamente. E a figura que agora emblematiza a sociedade telemática é o cérebro. Um cérebro estendido sobre o globo (como na célebre "Noosfera" de Teilhard de Chardin, que o próprio Flusser menciona), no qual os nós são homens e aparatos (como nas "redes sociotécnicas" de Bruno Latour). "Sua função é nada menos que um entrecruzamento de competências, de modo a secretar novas informações e aumentar a competência total do cérebro. Esse é o modelo da sociedade telemática" (*Ibid.*, p. 211). Está claro, para Flusser, que essa situação exige uma ontologia relacional em vez de essencial. Afinal, a sociedade telemática também desfaz a ilusão do eu fechado, confortavelmente encerrado em sua cápsula identitária. A rede é feita de relações, não entidades isoladas. Mas também era evidente para Flusser que vivíamos (e ainda vivemos?) um momento extremamente ambíguo, já que o modelo do "agrupamento" convive com o do "enredamento". Trata-se, pois, ao menos em parte, de uma decisão social que deve ser tomada entre dois diferentes diagramas de circuito (Schaltpläne) possíveis (1999, p. 148).

Caberia agora perguntar: que papel deve desempenhar a arte nesse possível cenário do enredamento? Já sabemos que uma característica central da sociedade telemática é o jogo, o desenvolvimento criativo da imaginação humana em sua parceria com as máquinas. Para Flusser, a cultura informática deverá dissolver progressivamente as fronteiras que separam a arte da ciência. Elas aprenderão uma com a outra e de algum modo se completarão. Para dizê-lo com o pensador, da forma mais simples possível (e talvez algo irônica): "Eu entendo ciência como a elaboração de modelos e como arte, a aplicação de modelos" (2009, p. 134). A imaginação deverá fertilizar a ciência, ao passo que a tecnologia (por exemplo, as imagens computadorizadas) deverá fertilizar a arte. Em certo sentido, ambos os domínios deverão se aplicar na importante tarefa de esboçar futuros possíveis, abrir perspectivas, produzir devires.

Nesse contexto, a arte computadorizada se apresenta como um caminho possível para o escape da onipresente programação da vida numa sociedade informatizada[31]. Em lugar do predeterminado, do controlado e do previsível,

---

[31] Tais argumentos aproximam a perspectiva flusseriana das ideias de Friedrich Kittler sobre os processos de inscrição tecnológica (*Aufschreibung*) a que os corpos e mentes humanas estão sujeitos no contexto da cultura midiática (Cf. Kittler, 2003). Os aparatos *programam* discursos e sistemas de valor nas subjetividades maleáveis. Como afirma Kittler em *Grammophon, Film, Typewriter*, "os meios determinan nossa situação" (*Medien bestimmen unsere Lage*) (1986, p. 3).

o uso do computador para a geração de imagens ou processos artísticos abre as portas ao novo, ao inesperado. Ao forçar o aparato a produzir algo que não estava previamente previsto em sua "programação", o artista gera informação. As consequências desse gesto são vastas, constituindo o germe da liberdade futura e de uma nova consciência política. Mas trata-se de uma atividade que não deverá ser exercida por indivíduos, e sim por meio de "sínteses de intenções individuais" (1995, p. 261). Distribuídos em redes que não conhecem os limites do tempo e do espaço, esses criadores (coletivos artísticos, poderíamos dizer) seriam responsáveis pelo combate ao totalitarismo do aparato: "O aparato-totalitarismo daria lugar a um "programa-democracia", e a vida programada seria substituída por uma vida dialogicamente programada" (*Ibid.*, p. 261). Surge, então, uma nova ontologia das imagens, que torna visíveis conceitos (numericamente traduzidos) e engendra um mundo de sonhos superconscientes (*überbewußten*). Com isso, produz-se consequentemente a dissolução das fronteiras entre arte e ciência, que se conjugam nas imagens sintéticas produzidas por meio de algoritmos. Nesse contexto, mesmo a tradicional função do pensamento crítico se altera. Se antes ele cuidava de analisar ideias para emancipá-las da imaginação mágica, agora ele se ocupa, pelo contrário, de sintetizar ideias para torná-las visíveis. Antes, a crítica esclarecia (*erklären*), agora ela projeta (*projizieren*). Flusser reconhece que se trata de uma perspectiva utópica, mas uma utopia realizável tecnicamente.

E qual é a natureza ontológica desses processos artísticos? De onde exatamente se origina o novo que eles produzem? Precisamente do erro, do ruído, da perturbação da ordem e do programa. "O novo é um ruído" (*Das Neue ist ein Geräusch*), afirma Flusser. "Ele me perturba, ele é repulsivo. Eu o odeio. A criatividade começa com o feio [...] O novo se torna informativo" (2009, p. 151). Nesse sentido, Flusser contrapõe informação à comunicação. Quanto mais comunico, menos informo (e assim menos se produz o novo). "A comunicação total é não-informativa, a isso eu chamei de kitsch" (*Ibid.*, p. 152).

Perturbação, distorção, ruído, erro: termos que, ao que tudo indica, irão integrar cada vez mais decisivamente o vocabulário dos discursos sobre a cultura das redes e as práticas artísticas a ela associadas. Como exprime com habilidade Peter Krapp:

> À medida que nossa cultura oscila entre a onipotência soberana dos sistemas de computação e o desesperado pânico da agência do usuário, os tropos digitais de cópias de som perfeitas são abandonados em favor dos erros, as falhas são estetizadas, e os equívocos e acidentes são recuperados para a arte sob as condições do processamento de sinal (2011, p. 54)

O "artista-hacker" se torna, assim, o grande emblema das possibilidades criativas e libertárias da cultura digital. Penetrando nos códigos invisíveis que compõem o esqueleto das redes, enfiando as mãos na materialidade dos circuitos e dos sistemas digitais (pois o ruído é da ordem da materialidade), o hacker imbuído de consciência estética e política abre caminhos imprevistos na lógica da previsibilidade típica do paradigma informático. Anônimo, coletivo e incontrolável (como bem demonstra a mitologia constituída em torno do provavelmente mais célebre coletivo hacker de hoje, o Anonymous), esse artista sem rosto se entrega à aventura da criatividade. Uma aventura que, segundo Flusser, está no coração da sociedade em rede e que deverá produzir um novo homem e uma nova antropologia. "A rede vibra, ela é um *pathos*, uma ressonância [...] Ela destrói o humanismo em benefício do altruísmo" (2009, p. 251).

IV. Cinema, tempo, imaginação: o olhar "selvagem" de Flusser[32]

Para Philippe-Alain Michaud, a obra de Aby Warburg é marcada por uma dimensão cinematográfica. Se deixamos de lado a definição do cinema com base em suas determinações tecnológicas, e, em lugar disso, o tomarmos como uma "interrelação conceitual de transparência, movimento e impressão, descobriremos, dentro do campo do cinema, as mesmas categorias que Warburg usou" (2004, p. 39-40). Em outras palavras, mesmo sem fazer cinema, Warburg teria posto as imagens da história da arte em movimento – particularmente em seu conhecido projeto do Atlas Mnemosyne. Essa aproximação entre obras e estruturas de pensamento com o cinema foi feita também a partir de Benjamin. Ao utilizar uma técnica de "montagem literária" em seu *Trabalho das Passagens* (*Passagen-Werk*), o filósofo teria buscado inspiração em outras mídias, particularmente o cinema (Cf. Hansen, p. 209 e ss.)[33]. Meu objetivo central neste capítulo é mostrar que

---

[32] Uma versão deste capítulo foi publicada como "O olho selvagem: Flusser e sua teoria sobre o cinema" na revista *Tríade*, v. 8, n. 19, 2020.

[33] Para uma aproximação entre o *Passagen-Werk* de Benjamin e o *Projeto Atlas* de Warburg, ver Rampley (2000).

o mesmo tipo de relação entre pensamento, textualidade e forma cinematográfica pode ser encontrado em Vilém Flusser. Quando se lê atentamente os textos de Flusser sobre o tema e quando se analisa seu peculiar estilo nos trabalhos mais experimentais (como em *Vampyroteuthis Infernalis*), percebe-se que tanto o cinema (ao menos aquele de matriz não realista) como a crítica de cinema são entendidos como formas de pensamento. Ambos têm como missão "ensinar novas categorias da realidade e do conhecimento, novas maneiras de ver (*Anschauungsformen*), um novo tempo e um novo espaço" (Flusser, 1964, p. 5). Nas linhas que se seguem, pretende-se, inicialmente, traçar o esboço de uma teoria flusseriana do cinema. Em seguida, quero apontar como determinadas linhas do pensamento do filósofo convergem com a proposição de um cinema expandido, a partir da qual arte e vida irão convergir em uma nova consciência (Youngblood, 1970).

Flusser não escreveu de forma sistemática ou exaustiva sobre o cinema. Seus escritos sobre o tema são poucos e esparsos. Rainer Guldin observa, inclusive, que suas reflexões se resumem a um punhado de artigos curtos, muitos deles publicados em jornais – não obstante o pensador afirmar que considerava o cinema como o "*medium* artístico por excelência" do tempo presente (apud Guldin, 2010, p. 2). Como era costumeiro em seu modo de pensar, suas ideias sobre o cinema variam de um texto a outro, mas um núcleo comum de proposições básicas tende a manter-se constante. Como Benjamin, Flusser considerava o cinema uma tecnologia epocal, capaz de oferecer uma via de entrada privilegiada para determinada compreensão histórica da sociedade. Como Deleuze, encarava o cinema como forma de pensamento que deveria ser abordado por uma espécie de discurso filosófico (Guldin, 2000, p. 4). Em *Die Geste des Filmens*, Flusser deixa clara sua percepção do *medium* fílmico como instância de produção de conceitos (e não de realidades cênicas). Diferentemente das imagens tradicionais, o cinema não apresenta fenômenos, mas sim "uma teoria, uma ideologia, uma tese". O filme não narra acontecimentos, mas os representa e os torna representáveis – ele faz história (*er macht Geschichte*) (1993, p. 124). Em *Crítica de Cinema*, Flusser inicia sua reflexão apelando à consagrada metáfora da conversação cultural. A cultura pode ser entendida como uma "teia formada por intelectos ligados entre si", um diálogo que se processa ao longo dos séculos e do qual todos participamos intrinsecamente. A tarefa do crítico é semelhante à do tradutor: deve transpor a "densidade poética" dos criadores para a "clareza prosaica" da conversação cultural. O cinema, como nova linguagem, abre um novo campo de possibilidades para "articular o inarticulado". Com isso, ele ofereceria uma via intelectual alternativa às cansadas linguagens da filosofia, da religião e da ciência. Essa nova visão que o cinema nos oferece implica um problema essencialmente filosófico e ontológico: trata-se de pôr em questão a própria noção de realidade. É por essa razão que, para Flusser, os filmes não devem prender-se a um realismo ingênuo, mas sim debruçar-se sobre as próprias "regras do cinema". Perceber a realidade pelo viés do cinema significa trabalhar novas categorias do conhecimento, novas formas de intuição do tempo e do espaço (um tema que será aprofundado, como se verá, em ensaios como *Filmerzeugung und Filmverbrauch e Die Geste des Filmens*). O cinema é criação, fundamentalmente, porque nos abre um mundo novo, dentro de cujo domínio a crítica deve nos ensinar a habitar.

O futuro que o cinema abre à humanidade é precisamente aquele no qual a distância entre arte e vida tende a desaparecer. Na concepção essencialmente cibernética de Flusser, a arte traduz-se em um sistema de armazenagem de informação. Flusser já percebera, porém, que toda superfície material está condenada a desintegrar-se face à inclemência do tempo. Se existe alguma matéria capaz de preservar informação de modo virtualmente imperecível é a matéria viva. Nos organismos, no código genético, encontra-se o mais perfeito suporte informacional que se pode conceber. Nesse sentido, a arte do futuro, alimentada pelas revoluções telemática e biotécnica, encontra-se com o conceito antigo, clássico da arte como *ars vivendi*. Sem hesitar em sugerir o uso de tecnologias genéticas para engendrar novos corpos, Flusser propõe que a grande obra de arte do futuro sejamos nós mesmos. Essa arte deverá criar não apenas corpos novos, mas também um espírito novo. A evolução deixaria de ser, assim, um processo cego para tornar-se "programação deliberada" (1998b, p. 87). Esse pode nos parecer, hoje, um cenário de ficção científica. Mas não é precisamente a tarefa da ficção científica repensar o presente e imaginar futuros possíveis? Em especulações em torno do filme *2001 – Uma Odisseia no Espaço*, Flusser toma a obra de Kubrik como ferramenta para pensar a questão da busca pela verdade – que, mesmo sendo uma noção absurda e inalcançável, "é a mola que impulsiona a humanidade" (1968, p. 3). É pelo fato de não se enquadrar em sua situação, mas almejar sempre superá-la, que o homem se distingue dos outros seres. Em essência, esse é nosso "louvor da futilidade". Em *2001*, é o misterioso monólito que encarna o elemento de "anti-naturalidade" inelutavelmente fascinante para nós, e que eventualmente irá transformar "homens em seres novos e inimagináveis" (*Ibid.*, p. 3).

O cinema, como se viu, é o *medium* capaz de nos anunciar novas categorias da realidade. O gesto fílmico é aquele do "novo homem", uma criatura pela qual podemos não ter necessariamente simpatia (Flusser, 1993, p. 124). Essa frase com que o filósofo encerra o curto ensaio sobre o gesto de filmar é bastante misteriosa. Talvez indique o elemento de estranheza visceral que essa humanidade futura – possivelmente transformada e dotada de cérebros inteiramente esféricos, como os cefalópodes, segundo especula Flusser em outro texto (1994, p. 100) – poderia produzir em nós, pobres humanos ainda dominados pelo pudor de intervir radicalmente sobre nossa própria matéria vital. Mas se os futuros possíveis que se descortinam à nossa frente são tão surpreendentes e inesperados, como pode o cinema preparar-nos para eles? Ocorre que o cinema não está submetido à linearidade do tempo e da forma de pensamento característica da época histórica. Se nossas instituições de ensino ainda nos programam para enxergar o mundo de forma linear, nossas tecnologias já nos lançam para o cosmos pós-histórico (*nach-geschichtlich*) que estamos começando a habitar. Um dos acontecimentos epocais mais importantes do momento pós-histórico é a multiplicação dos pontos de vista. Nosso tempo já é pós-ideológico, pois não se orienta por apenas um ponto de vista fixo (*Standpunkt*). É interessante, nesse sentido, observar a particularidade da expressão alemã. Mais que simplesmente uma visada, um *Standpunkt* é um lugar onde se está. Esse lugar existencial, ou melhor, este clima existencial, é o do que poderíamos chamar de poliperspectivismo. Ocupar um local determinado é a forma de existir da era histórica. Passear por entrelugares, a da era pós-histórica. Quando elabora suas ficções filosóficas, Flusser ensaia uma forma de escrita pós-histórica, na qual a questão do olhar e dos pontos de vista adquire importância vital. Não é causal o interesse de Flusser pelas criaturas estranhas, como os octópodes ou os extremófilos. A ficção filosófica é um exercício de se imaginar no lugar de um outro, de enxergar o mundo pelos olhos desse outro – que é tão mais interessante quanto menos familiar se apresente. Em outras palavras, aqui se lida com o fascínio por tudo que é da ordem do alienígena. A ficção filosófica é, assim, exatamente como a "filosoficção" de Peter Szendy: um campo de experiência ao qual a filosofia não pode escapar "tão logo ela é confrontada com aquilo que se chama um ponto de vista" (2011, p. 71). Szendy mapeia a intrusão da figura alienígena nas paragens filosóficas, inclusive nos escritos de um prócer do Iluminismo como Kant. Para produzir sua antropologia filosófica e entender o que singulariza o humano, Kant teve de trabalhar com a ficção do alienígena como termo de comparação. Somente no confronto com esse outro (possível) ente racional conseguimos produzir um espelho no qual podemos enxergar-nos. Nos interstícios do pensamento que produziu a crítica da razão pura, vemos desenhar-se, assim, a "filosoficção do todo-outro" (*philosofiction du tout-autre*) (Szendy, 2011, p. 93) – essa estranha entidade que representa mesmo os limites da razão. Ali, onde terminam a ciência e o conhecimento, abre-se um espaço para a imaginação radical. Como sugere Szendy, os filmes de ficção científica podem enunciar "as políticas que moldam nosso mundo" (*Ibid.*, p. 20).

Para Flusser, diferentemente da fotografia, o cinema é fluido e menos cartesiano. O operador da câmera "não salta de uma conclusão (*Schluß*) para outra [como faria o fotógrafo], mas deixa que suas decisões (*Entschlüsse*) misturem-se indecididas (*unentschlossen*)" (1999, p. 91).

Dessa forma, enquanto a experiência fotográfica pode ser comparada à do mundo macrofísico, no qual a distinção entre onda e partícula faz sentido, o cinema se aproxima da percepção quântica microfísica. Essa singularidade do *medium* fílmico deve ser explorada em toda sua potencialidade para fazer jus a sua missão de desvelar novas intuições do real. Em *Crítica de Cinema*, Flusser apresenta uma curiosa bifurcação entre o cinema "realista" e o que ele define como "concreto". Nessa intrigante terminologia, como nota Rainer Guldin, o concreto, diferentemente do que esperaria nosso senso comum, traduz aquele tipo de filme que "é fiel à sua própria estrutura interior e não à realidade linguisticamente codificada", ou seja, quando ele "explora total e completamente suas próprias potencialidades mediais" (*die eigenen medialen Potentialitäten voll und ganz ausschöpft*) (1964, p. 5). De fato, se o papel do cinema é colaborar para a apreensão (e mesmo a criação) de novas realidades, não faria sentido investir nossas expectativas em um cinema de matriz "realista".

Importa advertir, porém, que a essência da experiência fílmica (de um ponto de vista fenomenológico) não se encontra no operador da câmera ou mesmo em seu material bruto, mas sim naquele que efetivamente produz o filme. Essa figura, que Flusser chama de "Filmproduzent" em *Filmerzeugung und Filmverbrauch*, "Operator", em Filme, e "Filmemacher", em *Die Geste des Filmens*, não é outro senão o montador. Atuando a partir de uma espécie de esfera transcendente, com sua tesoura e cola, o montador intervém no filme de modo a reorganizá-lo (*umzugestalten*) (Flusser, 2007, p. 191). Sua atividade é comparada à de um demiurgo, que não somente transcende o tempo, mas também pode dar novas formas à temporalidade. Se tanto o ser divino como o montador são capazes de ver o começo e o fim da história, apenas o segundo seria capaz de "brincar com a linearidade" (*mit der Linearität spielen*) (Flusser, 1999, p. 93). A tecno-imaginação do montador, um verdadeiro "movedor imóvel" (tal qual a divindade aristotélica) (Flusser, 2007, p. 192), supera tanto a da magia como a da cadeia conceitual do pensamento causal. Nesse sentido, o rolo de filme nada mais é que a última articulação de uma cadeia de "textos" a partir da qual a humanidade tenta desenrolar o mundo de modo a dar-lhe um sentido. Ou seja, seguindo a progressão histórica tradicional das eras tecnológicas de Flusser, teríamos inicialmente o mundo mágico das imagens, o universo histórico da escrita e o advento de uma nova forma de magia característica das tecno-imagens (fotografia, cinema, vídeo).

Na atividade cinematográfica pode identificar-se dois níveis de operação, o primeiro interno ao próprio filme (aquele dos atores e das ações). O segundo, externo, é precisamente o do montador que desestrutura a linearidade. O que singulariza o cinema não é exatamente um desinteresse pela história, como seria de se esperar de uma tecnologia epocal da pós-história. Pelo contrário, somente agora a história pode ser efetivamente "feita", dado que apenas hoje podemos ver através dela, fazer dela imagens. Finalmente, percebemos que a história nada mais é que "um desenrolar (*Aufrollen*) de imagens em conceitos" (Flusser, 2007, p. 195). Dessa forma, torna-se finalmente possível manipulá-la. Em *Filmerzeugung und Filmverbrauch*, Flusser formula o problema das consciências histórica e pós-histórica nos seguintes termos:

> [...] para a consciência histórica, o ser é um "tornar-se". Para a tecno-imaginação fílmica, o "tornar-se" é uma ilusão produzida através de uma projeção de velocidade específica, precisamente calculável, de imagens discretas, sequencialmente ordenadas sobre uma tela (1999, p. 94).

A maioria dos filmes são ruins, afirma Flusser, pois ainda nasceram da consciência histórica. O que se processa com o cinema, porém, não é uma simples dissolução da consciência histórica, mas antes sua superação com conservação. Flusser utiliza aqui, de fato, o termo e o conceito hegeliano da *Aufhebung*, no qual tese e antítese são ao mesmo tempo superadas e conservadas na síntese. Falta-nos ainda tecno-imaginação suficiente para nos engajarmos com o novo mundo. A tecnocracia é precisamente o perigo que ameaça nossa obtenção de um novo nível de consciência – por carência de potências tecno-imaginativas.

O fato é que, para Flusser, as salas de cinema contemporâneas são locais onde as massas performam uma espécie de nova religião. O espectador é programado por uma estrutura aparativa transcendente, como nas antigas catedrais, sem tomar consciência do momento pós-histórico no qual estaria ingressando. As tecno-imagens são consumidas, assim, como se fossem imagens tradicionais ou textos. Alterar essa situação implica que o espectador olhe para trás, em direção ao próprio aparato, de modo a compreender sua singularidade medial. Essa é a essência da distinção entre o consumir filme (*Filmverbrauch*) e o produzir filme (*Filmerzeugung*), a passagem de uma atitude passiva para um domínio ativo do meio tecnológico. Implica ainda um tipo de cinema que abandona o realismo ingênuo e brinca com suas próprias potencialidades midiático-imaginativas e com a temporalidade linear. Em "Do Olho Selvagem", uma de suas raríssimas resenhas de filme, Flusser analisa a obra de Paolo Cavara, *L'occhio selvaggio* (1967), demonstrando como a crítica de cinema deve ser reflexão filosófica sobre o *medium*. De fato, o filme é interessante por tratar uma mensagem que é a mesma "de certos discursos filosóficos, e não é a mesma" (por ter sido traduzida para um novo suporte midiático) (Flusser, 1969, p. 5). E a questão essencial, como não poderia deixar de ser, é: o que é a realidade?

Essa é uma das questões centrais, senão a central, que um filme "concreto" deve propor. Invocando figuras da filosofia, como Husserl e Wittgenstein, Flusser afirma que o olhar do observador interfere na realidade percebida. Novamente, a ideia de uma percepção "quântica" da realidade é invocada por Flusser. Para o filósofo, *O Olho Selvagem* revela, também, a situação de *Bodenlosigkeit* (falta de fundamento) na qual nos encontramos. A perda do sentido de realidade nos torna "selvagens". O que isso quer dizer exatamente não é claramente explicado. O texto termina com a expectativa de que a solução de nossos dilemas hodiernos esteja em uma "superação de nós mesmos" (Flusser, 1969, p. 5). Talvez isso indique a necessidade de construir um novo olhar "pós-humano", transição que Flusser sugere continuamente em sua obra, especialmente em *Vom Subjekt zum Projekt*, mas que nunca parece completar (Cf. Felinto & Santaella, 2012). Um cinema autenticamente concreto só pode ser plenamente fruído por uma humanidade que transicionou para a pós-história. Um período histórico no qual, como escreveu Youngblood, a arte, a ciência e a metafísica convergem novamente após séculos de separação radical (1970, p. 45) – uma ideia com a qual Flusser certamente concordaria. O conceito de cinema expandido de Youngblood envolvia também uma expansão da consciência, produzida a partir da ampliação e aperfeiçoamento das tecnologias cinematográficas.

Mas não se poderia produzir efeitos ao menos semelhantes a partir de formas textuais experimentais (e convergentes com certos aspectos do cinema concreto)? É isso que, creio eu, Flusser intenta fazer, como antes Benjamin, por meio de algumas de suas fábulas filosóficas. O exemplo mais claro seria *Vampyroteuthis Infernalis*, texto escrito em parceria com o artista Louis Bec, que elaborou os desenhos acompanhando o livro. Para Petra Gropp, a comunicologia de Flusser se materializa em um tipo de textualidade muito particular. Afinal, em Flusser, a teoria do conhecimento, a estética e a filosofia, assim como a literatura, são entendidas como "práticas de projeção de mundos vitais (*Lebenswelten*) e realidades" (GROPP, 2006, p. 232). Na passagem de uma cultura da escrita para a das tecno-imagens, os textos se tornam cada vez mais imaginativos e fantásticos. São imaginativos tanto enquanto possuidores de uma qualidade particularmente imagética quanto no sentido de estarem mais abertos ao universo das ficções. As imagens flusserianas são programas para mundos alternativos, são projeções (termo fundamental do vocabulário de Flusser e que evoca o domínio do cinema) imaginárias de "cenários fantásticos e modelos vitais estéticos" (Gropp, 2006, p. 237). À medida que os limites entre ciência e estética se dissolvem no mundo contemporâneo, *Vampyroteuthis Infernalis* surge como modelo de uma produção textual e de pensamento na qual o "filosofar com imagens torna--se, enquanto práxis auto-reflexiva, em uma obra medial--artística" (*medienkünstlerischen Arbeit*) (*Ibid.*, p. 274).

Em certo sentido, William Brown e David Fleming reconhecem essa qualidade cinematográfica de *Vampyro-teuthis Infernalis* quando jogam com o divertido conceito de um "cinema-lula do inferno" ou "Kinoteuthis Infernalis" para caracterizar uma cinematografia obcecada com criaturas tentaculares; um "cinema horrificamente filosófico, de tentáculos que nos tocam e que arrastam o pensamento para reinos não humanos sombrios, onde muitos dos limites tradicionais, fronteiras e divisões não mais se aplicam" (2020, p. 33). O próximo capítulo deste livro irá explorar exatamente tal tipo de cinema, que poderíamos definir como "vampirotêutico". Vampyroteuthis, a pequena lula que habita as profundezas abissais, é a protagonista de uma odisseia filosófica flusseriana na qual o mecanismo alegórico é usado para produzir uma reflexão sobre a condição humana e nossas relações com a tecnologia e as figuras da alteridade. Esse personagem converte-se, ele mesmo, em uma mídia orgânica – lembremos que muitas lulas possuem cromatóforos, permitindo que sua pele mude de cor e atue como uma espécie de tela viva. Vampyroteuthis é um animal "mole" (*Weichtier*) que, como um software ("*soft*" sendo aqui o termo-chave), armazena e processa informações em seu próprio corpo. Mais que isso, poder-se-ia dizer que Vampyroteuthis é um produtor de cinema, cuja "noite eterna" é preenchida por suas emissões coloridas e sons: "um eterno jogo de cores e sonoridades, um '*son et lumière*' de extraordinária riqueza" (Flusser, 2002a, p. 36).

O texto flusseriano se desdobra em uma série de situações nas quais aprendemos sobre a "arte", a "cultura" e o "pensamento" de Vampyroteuthis. Como em uma espécie de documentário científico ficcionalizado (é fácil evocar aqui os trabalhos de Jean Painlevé), tenta-se capturar Vampyroteuthis nas redes de pesca e do conhecimento (mas sem sucesso). Tanto nas imagens textuais de Flusser como nas ilustrações de Louis Bec, a estranha criatura nos revela seu misterioso *dasein* (existência). O problema da objetividade é aqui novamente postulado, pois como poderemos pensar objetivamente sobre os mamíferos, por exemplo, se antes não tivermos superado a "mamiferidade" (*Säugtierhafte*) do homem? (2002a, p. 19). Aproximamo-nos de Vampyroteuthis ao imaginarmos uma condição pós-humana, olhando para ele com quem mira um espelho invertido. Uma sequência de imagens projetada na escuridão das fossas sombrias na qual podemos perceber os traços de uma possível humanidade futura: isso é *Vampyrotuethis Infernalis*. Flusser desenvolve, assim, uma poética da escrita como uma série de cenas; como uma corporificação da escrita enquanto práxis de uma autorreflexão medial (Gropp, 2006, p. 283).

Essa lógica é ainda mais explícita em *Angenommen: Eine Szenenfolge* (Suponhamos: uma sequência de cenas). *Angenommen* se estrutura em uma série de cenários hipotéticos que ilustra perfeitamente o caráter especulativo do pensamento de Flusser, sempre em diálogo com os universos da ficção, dos mitos e das fábulas. Afinal, a função da teoria é não somente imaginar futuros possíveis, mas mesmo colaborar para sua realização. E o cinema "concreto", lembremos, é teoria. As cenas de *Angenommen* se desenrolam em diferentes temporalidades, em forma fragmentária e episódios independentes, mas por vezes interconectados. Na cena final, intitulada *Showdown*, Flusser discute o olhar teórico, com um linguajar teológico que pontua frequentemente seus textos, como se viu no caso de *Filmerzeugung und Filmverbrauch*. Ali, crença e teoria são definidos como "dois nomes para o mesmo caminho" (Flusser, 2000, p. 76). Ambos são tentativas de explicação, de lidar com a incerteza de para onde estamos sendo levados (um limitado e científico; o outro geral e imaginativo). A imagem fundamental dessa última cena é a ideia de que estamos todos sendo arrastados pelas ondas (do tempo), como num filme cujo final desconhecemos.

Em *Die Gesten des Filmens*, Flusser compara cinemas aos supermercados. Eles são como a basílica da antiguidade, cada um desempenhando uma das funções desta última: como mercado e como igreja. Aqui, a atitude religiosa tem um sentido negativo, e é associada com formas de programação típicas da cultura de massas (*Massenkultur*). Ocorre que, mesmo considerando o cinema como "o *medium* artístico contemporâneo por excelência" (1993, p. 119), Flusser distinguia, como já se viu, entre duas diferentes formas de fazê-lo. A salas de cinema são associadas com a primeira forma, ingênua, realista, ao passo que os filmes "concretos" são aqueles que se concentram nas possibilidades e configurações do próprio meio. O verdadeiro "gesto fílmico" (o que há de realmente revolucionário no cinema) não é a experiência espectatorial, mas sim o ato de cortar e colar. E não se trata somente de (re)contar histórias – como é característico no filme hollywoodiano. Mais que isso, o criador pode "combinar fenômenos ainda não acontecidos de modos ainda não experimentados e pô-los a desenrolar-se" (*ablaufen lassen*) (*Ibid.*, p. 123). Trata-se de prever o futuro, não como nas utopias ou na ficção científica, mas como "acontecer presente" (*gegenwärtiges Geschehen*) (*Ibid.*). É na possível não linearidade do filme que repousa sua inovação. Enquanto mensagens lineares são lidas e interpretadas conceitualmente, o discurso do filme é decifrado por meio da imaginação. Hoje existem dois níveis da história: o quadridimensional da vida cotidiana e o tridimensional do cinema. A tendência é que esse segundo supere o primeiro, de modo que não se exclui a possibilidade de que a "história existencialmente significativa" termine por se desenrolar diante de nossos olhos em telas em vez de no espaço-tempo (*Ibid.*, p. 124). E seria, então, que o cinema expandido se confundiria com a vida.

Não é improvável que a visão flusseriana do cinema cumpra um papel análogo ao das suas ficções filosóficas. Afinal, ambas são modos de especular e inventar futuros. Ambas são dirigidas a essa humanidade que ingressa em uma nova era pós-histórica e se vê premida a repensar seus fundamentos. Nessa nova era, seremos compelidos a experimentar inauditas formas de temporalidade e espacialidade, seremos forçados e lidar com a dissolução das fronteiras entre a realidade e a ficção em um mundo marcado pela assustadora multiplicidade de pontos de vista. No fundo, retorna-se sempre à questão da perspectiva.

Em seu estudo sobre a filosofia de François Laruelle, *All Thoughts are Equal*, John Maoilearca afirma fazer uso de um modo de pensamento cinemático (2015, p. 29), no qual ideias como "postura", "posição" e "mutação" ocupam lugar central. Não obstante criticar o fato de o *Vampyroteuthis* de Flusser apresentar-se como uma fábula (o que invalidaria sua aposta numa superação do antropocentrismo e no exercício efetivo de outros pontos de vista)[34], Maoilearca vê argumentos importantes na ficção filosófica. A postura de *Vampyroteuthis*, afirma ele após citar uma longa passagem do texto de Flusser, "é revolucionária". Mas, para dar o passo seguinte, é necessário considerar a noção de postura para além de uma simples causa anatômica. Ela deve ser, mais que isso, uma "cosmovisão fisicalizada" (*Ibid.*, p. 239). Em outras palavras, trata-se de efetivar um autêntico cosmopolitismo no qual todas as possíveis posturas (animais e humanas) sejam igualmente partes do mesmo "real", sem que haja autoridade de uma sobre a outra. Em resumo, "devemos transformar 'quem' nós somos, nossa postura, antes que possamos fazer qualquer coisa de bom ou mesmo esperar por uma verdadeira utopia" (*Ibid.*, p. 241). É isso que a "philo-ficção" de Laruelle se propõe produzir. Mas não será esse também o objetivo das ficções filosóficas de Flusser – mesmo que possam frequentemente falhar em seus propósitos?

Para retornar à trivialidade com que este capítulo se iniciou, repitamos: Flusser escreveu muito pouco sobre o cinema. Todavia, algumas de suas intuições sobre essa mídia e sobre o problema da perspectiva parecem convergir com propostas que se encontram em reflexões muito mais próximas de nós temporalmente (em pensadores como Katherine Hayles ou John Maoilearca, por exemplo[35]). Ou, pelo menos, elas podem ser lidas a partir de perspectivas

---

[34] E, mesmo assim, Maoilearca escolhe como epígrafes de seu livro trechos de *Vampyroteuthis Infernalis* e de *Cosmologias*, de Eduardo Viveiros de Castro.
[35] Ver o artigo de Hayles (2014) nas referências.

dessa natureza. Desse modo, mais importante que ler Flusser à luz de sua época – e a partir de uma atitude de radical fidelidade às suas teses – seria lê-lo sempre em confronto com ideias capazes de nos lançar para além do universo flusseriano. Paradoxalmente, porém, essa me parece ser uma atitude profundamente flusseriana. O filósofo da falta de fundamento (*Bodensoligkeit*) nos apresenta seus pontos de vista, mas, ao mesmo tempo, nos abre a possibilidade de miradas infindáveis que se lançam ao encontro de mundos novos e espetaculares. O cinema, como exercício possível de um poliperspectivismo e de uma politemporalidade, constitui uma das ferramentas mais importantes a nosso dispor para visualizar e produzir tais mundos. Pode-se especular que o "olho selvagem" de Flusser seja não apenas o do sujeito que perdeu o senso da realidade, mas também aquele de outros sujeitos possíveis, como os animais, como os alienígenas, como os pós-humanos, como o do "todo-outro". Talvez, ainda, a solução que buscamos para lidar com as novas realidades que nos inquietam em um mundo ultra-tecnológico, sempre ameaçado pelo espectro totalitário, "esteja na própria descoberta da nossa selvageria, que seria uma superação de nós mesmos em sentido novo?" (Flusser, 1969, p. 5).

V. Um cinema "vampirotêutico": os filmes tentaculares[36]

"Os filmes de animais nos revelam o cinema". Com esta enigmática frase de Bazin, Raymond Bellour aponta para a conhecida paixão do crítico pela noção do cinema como revelação da realidade (2009, p. 537)[37]. É o aspecto "documental" do cinema (muito presente, por exemplo, nos documentários sobre a "vida selvagem") que prioritariamente lhe faria jus como arte de preservação do real que transcende tempo e espaço. Tanto Bellour como Serge Daney observam que os exemplos oferecidos por Bazin para o princípio da "montagem interdita" privilegiam situações em que animais aparecem repetidamente (Bellour, 2009, p. 538; Daney, 2003, p. 33)[38]. Segundo este último, é nesse sentido, inclusive, que podemos perceber que "a essência do cinema se torna uma história sobre animais" (Daney, 2003, p. 32). De fato, o interesse obses-

---

[36] Uma versão deste capítulo foi publicada como "Cinema tentacular: poéticas das profundezas e a imagem do octópode", na revista *Famecos*, v. 26, n. 13, 2019.

[37] A frase de Bellour aparece no ensaio "Les films d'animaux nous révélent le cinema", publicado em *Radio Cinéma Télévision* n. 285, julho 1955.

[38] Assim, reescreve Daney, o princípio baziniano da montagem interdita: "Sempre que for possível enquadrar dois objetos heterogêneos na mesma tomada, a edição é proibida" (2003, p. 32).

sivo de Bazin pelo animal permite mesmo justificar uma aproximação de seu pensamento com o projeto crítico pós-humanista de desconstrução do antropocentrismo. Como sugere Jennifer Fay, "o cinema, e sua relação com o processo fotográfico no discurso de Bazin, pode mostrar--nos os limites da visão humana e revelar um mundo no qual humanos existem em pé de igualdade com animais e coisas" (2008, p. 42).

Porém, mais que anedótica ou limitada ao pensamento de Bazin, essa noção parece ecoar em uma série de trabalhos recentes sobre o cinema, inclusive na própria obra de Bellour (ver Bellour, 2009; Lippit, 2000; Burt, 2002). De fato, em *Le Corps du Cinéma*, Bellour identifica nas emoções, na hipnose e na animalidade três vias de acesso privilegiadas ao que denomina como "o corpo do cinema", esse "local virtual" da conjunção entre o vasto *corpus* dos filmes da história do cinema e o corpo do espectador. A figura do animal, como emblema de um organismo movido por afetos primários e radicalmente suscetível à hipnose, atravessa esse corpo de ponta a ponta. Em Akira Lippit, consequentemente, o cinema é pensado como um suplemento tecnológico do sujeito, como um inconsciente em forma de aparato. E enquanto tal, "acaba por assemelhar--se à sua contraparte na natureza, o suplemento animal" (2000, p. 25)[39]. Em outras palavras, no cinema, animal e tecnologia se conjugam num encontro singular que produz

---

[39] Para uma reflexão sobre a ideia do cinema como "segunda natureza", ver Felinto (2010).

a figura de um lócus ontológico, excedendo a subjetividade e permitindo-nos, assim, repensá-la em um novo diapasão.

É desse lugar que pretendo discorrer no presente capítulo; um lugar no qual figuras marginais do pensamento filosófico – animais e tecnologias – aparecem em intrigante proximidade. Todavia, ao paradoxo de figuras que se apresentam, ao mesmo tempo, como marginais, mas obsessivamente presentes (no cinema, por exemplo), quero acrescentar um segundo, que pode ser traduzido como um encontro entre visibilidade e invisibilidade. Dentre os filmes em que o animal se torna personagem de destaque, são provavelmente aqueles que descem às profundezas dos mares os mais marcados por tal paradoxo. John Durham Peters destaca nitidamente a contradição, observando que, não obstante os luminosos e coloridos ambientes marinhos que frequentemente nos são apresentados em filmes, "o oceano é um local obscuro (*murky*), e a luz efetivamente desaparece tão logo se alcança certa profundidade" (2015, p. 61). Para Nicole Starosielski, por sua vez, o ambiente subaquático não somente se caracteriza como "sítio onde novas possibilidades discursivas podem ser geradas", um domínio próprio do "não humano" (2013, p. 150), senão também como lócus no qual a história do cinema marinho se desdobra entre as figuras de misteriosos outros (geralmente racializados) e nós. Se até os anos 1960, aproximadamente, o oceano era representado como território sempre pertencente a uma exótica alteridade, desse momento em diante ele começará a ser apropriado e povoado por um tranquilizador e domesticado nós. Em outras palavras, desenrola-se a transição de um domínio pouco visível, misterioso e obscuro para um "espaço que necessita ser socialmente contido via ciência e regulação" (Starosielski, 2013, p. 165). Curiosamente, esse movimento de deslocamento do outro étnico – dos exóticos povos que vivem às margens dos oceanos – se deu por meio da eleição de novas representações da alteridade. A partir de então, a natureza dos mares tornou-se análoga à do espaço sideral: um ambiente fundamentalmente não humano e extraterrestre, aberto a seus potenciais colonizadores em busca da "fronteira final". É nesse contexto, creio, que os octópodes irão ocupar papel de relevo.

O que pretendo demonstrar neste capítulo é que essas criaturas marinhas funcionam – e não apenas no âmbito do cinema, senão também em várias outras dimensões da cultura – como encarnações de uma alteridade radical, alienígena, perturbadora, inclusive, das convenções tradicionais da representação. Habitando um meio que "altera as condições da produção de conhecimento" e exige a elaboração de uma nova epistemologia (Jue, 2014, p. 85), os seres tentaculares parecem apresentar-se a nós como criaturas particularmente "cinematográficas". No cinema, elas transitam entre diferentes gêneros (do documentário ao horror e à ficção científica), mas carregando sempre as marcas de um espaço epistêmico e imagético radicalmente estrangeiro e perturbador do conhecimento humano. Personagens destacados de um "bestiário maldito", nas palavras de Roger Caillois (1973, p. 218)[40], elas "figuraram

---

[40] No original: "bestiaire maudite". Agradeço a Siegfried Zienlinski a indicação de *La pieuvre, essay sur la logique de l'imaginaire* como uma das possíveis fontes de

de forma proeminente em filmes desde há muito tempo" (Anderson, 1992, p. 79). De fato, os elementos que justificariam a misteriosa frase de Bazin com que se inicia este artigo parecem estar presentes nos octópodes em forma superlativa – o que lhes garantiria, pois, um lugar especial na história do cinema.

Nesse sentido, antes de tudo, cabe perguntar o que permite vincular tão intimamente a figura do animal com a experiência cinematográfica. Para Bellour, seguindo os passos de Deleuze, o animal encarna as ideias da intensidade, do movimento, do devir. Nos movimentos de territorialização e desterritorializaçao que atravessam a experiência animal, manifestam-se as forças primigênias da arte; irrompe uma zona de indeterminação fundamental entre natureza e cultura na qual tem lugar a atividade artística. Em Deleuze, lembremos, a arte é condensação expressiva de sensações e afetos em um material. Anterior e ultrapassando qualquer dimensão antropogênica, a arte é fundamentalmente anti-humanística. Se sua meta é alcançar a "pura sensação", algo que está para além – ou melhor, para aquém – da subjetividade humana, então faz sentido dizer, com Deleuze, que "a arte começa, talvez, com o animal" (Deleuze, 1991, p. 174)[41]. Desse modo, o devir-animal é parte essencial daquela zona de indiscer-

---

inspiração do *Vampyroteuthis Infernalis* de Flusser. Cf. particularmente a página 223 da obra, na qual Caillois nomeia explicitamente a criatura à qual Flusser irá dedicar, anos depois, sua fábula filosófica.

[41] Nessas formulações de Deleuze, se encontram diversos pontos de contato curiosos com a fantasia flusseriana do *Vampyroteuthis Infernalis*. Mais sobre isso adiante.

nibilidade onde se constitui o processo artístico. O devir, o movimento, essas noções tão fortemente associadas a um ser que é, "antes de tudo, movimento", fazem do animal, consequentemente, uma figura por excelência do cinema – essa máquina que reinventa "segundo seu próprio modo um movimento aparente da vida" (Bellour, 2009, p. 431)[42].

Essa correlação entre animal e movimento aparece já, segundo Gilbert Durand, nos níveis mais primordiais de manifestação do imaginário. Na seção *"Visages du Temps"* de seu tratado sobre as estruturas antropológicas do imaginário, Durand se dedica à análise dos símbolos *"theriomorfos"* (de forma animal). Ali se sugere que o simbolismo animal está fundado tanto na sensibilidade aos movimentos externos quanto na ideia de multiplicidades que se agitam, da movimentação caótica (como em enxames, em coletivos animais)[43]. Desse modo, a espontaneidade abstrata do animal se estabelece no esquema básico da animação, da fugacidade do tempo. O cavalo, esse animal profundamente cinematográfico[44], é uma das encarnações mais populares dos símbolos theriomorfos, com seus vetores de movimento incessante. Particularmente pregnante é o imaginário do cavalo-marinho, não somente "porque o mesmo esquema de movimento é sugerido pela água

---

[42] Sobre o "devir-animal" e a problemática do movimento, ver também Lippit, 2000, p. 127 e ss.

[43] Inevitável, aqui, a lembrança de Foucault e sua menção, em *As Palavras e as Coisas*, da enciclopédia chinesa referida por Borges, na qual se fala de animais *"qui s'agitent comme des fous"* (Foucault, 2015, vol. 1, p. 1.035).

[44] A importância e as relações viscerais entre os cavalos e o cinema aparecem como tema da conversa entre Bruno Roberti e Nuccio Ordine na edição especial de *Fata Morgana* dedicada ao tema "Animalità". Ver VVAA, 2011, p. 12 e ss.

corrente", senão também porque o animal é "associado à água em função do caráter aterrador e infernal do abismo aquático" (1993, p. 83). Associações muito semelhantes encontram-se, também, na figura do octópode. De fato, algumas páginas depois, Durand irá arrolar o polvo como animal característico entre os símbolos nictomorfos (ligados à noite). Habitando as profundezas de águas negras onde nenhuma luz parece alcançar, associado aos poderes sombrios do feminino, o polvo é "símbolo direto da fatalidade do oceano", no qual se manifesta uma força "todo-poderosa nefasta e feminóide" (1993, p.116).

A conexão do cefalópode com representações de uma sexualidade simultaneamente sedutora e sombria tempo tem muito a ver com seu modo de se movimentar. Essa conexão toma forma visível em uma tradição pictórica muito singular, que parece ter origem no Japão e se firma com uma célebre gravura de Katsushika Hokusai (1760-1849), *Tako to Ama* (algo como "polvo(s) e a mergulhadora"), inicialmente publicada em 1814. Elaborado a partir de uma paródia de milenares lendas populares de motivação budista, a gravura de Hokusai se baseia em trabalhos anteriores, nos quais tanto as figuras das pescadoras (de pérolas) como as dos octópodes são fortemente sexualizadas: ali, "os múltiplos apêndices do polvo assumem um caráter fálico, executando penetração e cunilingus" (Talerico, 2001, p. 33). Vale assinalar que o termo *tako* ("polvo") era uma gíria comum no período Edo para o órgão sexual feminino – que, como um octópode, costumava ser caracterizado como capaz de sucção e de se agarrar firmemente a objetos (Talerico, 2001, p. 34). Esse simbolismo sexualizado dos cefalópodes é destacado por Caillois, quando adverte que já os "antigos consideravam o polvo o mais libidinoso dos animais marinhos" (1973, p. 38). Flusser também explora tal simbolismo em sua fábula sobre a "lula-vampiro do inferno", caracterizando o modo de existência natural do animal como profundamente sexual e orgiástico. Talvez a mais bela passagem onde se evoca a ideia esteja no modo como o pensador descreve a "arte" do Vampyroteuthis na versão alemã[45] do ensaio: Arte como Estratégia da Violação, do Ódio; Arte como Logro, como Ficção, como Mentira; Arte como Aparência Enganosa, Portanto, como "Beleza" – e Tudo Isso na Modulação do Orgasmo (*in der Stimmung des Orgasmus*) (2002a, p. 63)[46].

Na animação premiada *Mon homme* (*poulpe*) (Stéphanie Cadoret, 2016), uma mulher mantém uma relação amorosa/sexual com um polvo que habita em seu apartamento. O ambiente marinho, assim como o polvo, produz uma experiência que é, simultaneamente, da ordem da atração e da repulsão, do desejo e do desgosto, de beleza barroca[47] e de terror, de potência vital e de contenção. O polvo move-

---

[45] Flusser escreveu ao menos três versões de *Vampyroteuthis Infernalis* (e com algumas importantes diferenças entre si), em português, alemão e francês.

[46] No original: "Kunst als Strategie der Vergewaltigung, des Hasses; Kunst als Täuschung, als Fiktion, als Lüge; Kunst als trügerischer Schein, also als 'Schönheit' – und dies alles in der Stimmung des Orgasmus".

[47] Segundo a descrição da ficha técnica da animação: "Povoada de uma flora aquática barroca, a habitação se tornou o ecossistema de seu parceiro: um polvo". É nesse ambiente, "úmido e sufocante", mas também de selvagem beleza, que a protagonista passa a maior parte de seu cotidiano. Disponível em <https://www.marmitafilms.fr/project/mon-homme-poulpe/> Acesso em 12/10/2018.

-se de forma lenta e sensual, abraçando sua parceira em modos alternadamente carinhosos e sufocantes. No final do curta, vemos a consorte humana vestir-se para sair de casa. Em seu corpo, percebe-se a manifestação física de um processo de hibridação radical: ventosas nos braços, guelras no pescoço, cuidadosamente escondidas pelas roupas que escolhe. Em *La Región Salvaje* (Amat Escalante, 2016)[48], uma criatura tentacular de origem alienígena é foco de atração e desejo sexual por parte das personagens femininas. Mantido em segredo numa residência rural por um casal de cientistas, que assegura sua sobrevivência através da obtenção de parceiros compatíveis, o cefalópode extraterrestre se torna inicialmente objeto da obsessão de Verônica, jovem bela, mas perdida em uma existência insatisfatória e de perspectivas limitadas, e, em seguida, de Alejandra, mãe aprisionada em uma relação abusiva. Em uma curiosa mescla de fantasia, ficção científica e crítica social, *La Región Salvaje* constitui um retrato cru de uma sociedade essencialmente misógina, hipócrita e homofóbica. Ao mesmo tempo, a criatura é uma representação visceral da sexualidade humana no que tem de mais poderoso e perigoso. Ao preparar-se para o encontro com o misterioso ser, Alejandra recebe algumas importantes advertências de seu cuidador: "Talvez percas a vontade e a razão" (o que, de fato, acontece com Verônica); "Os animais são os que estão mais em contato com suas necessidades";

---

[48] Agradeço a Adalberto Müller a indicação do filme.

"O que está ali na cabana é nossa parte primitiva, o básico, em seu estado mais puro, materializado..."

Por meio de seu mover malemolente, ao mesmo tempo complexo, confuso e intrigante, o octópode sempre fascinou artistas e cientistas com seus tentáculos. Seus diversos braços, que podem estar sob o controle do cérebro central ao mesmo tempo que improvisam independentemente, oferecem fonte inesgotável de interesse para os biólogos marinhos. Como observa Katherine Harmon Courage, tanto a neurociência como a robótica falharam em prover modelos úteis capazes de iluminar a complexa articulação dos tentáculos (2013, p. 77). No cinema, os cefalópodes foram frequentemente apresentados como vilões, monstros gigantes capazes de triturar seres humanos com seus poderosos tentáculos (ver Anderson, 1992). Em certos casos, mesmo quando reduzidos a dimensões diminutas – bastante mais próximas da realidade científica – os octópodes seguiram cumprindo seu papel ignóbil no cinema. Em *Fantasia Sottomarina* (1938), por exemplo, Rosselini narra as aventuras de um pequeno peixe tentando escapar da "agressividade assassina" de um cefalópode (Bellour, 2009, p. 540). Em uma espécie de romance da vida marinha, – no qual não faltam, sequer, o elemento amoroso e o final feliz –, Rosselini cria uma narrativa divertida e envolvente por meio de um claro processo de antropomorfização das criaturas subaquáticas. Uma "fábula que se conclui como todas as fábulas: serenamente", conforme anuncia o narrador no final do filme.

Essa representação nefasta do cefalópode gigante aparece de forma arquetípica no romance de Júlio Verne, *Vinte mil Léguas Submarinas*. Numa das cenas mais impactantes da novela, o submarino Nautilus é atacado por uma lula gigante e o canadense Ned Land é salvo pelo capitão Nemo de ser devorado pelo monstro. Curiosamente, é precisamente uma versão cinematográfica de *Twenty Thousand Leagues under the Sea* (1916) que se apresenta como "the first submarine photoplay ever filmed". Em outras palavras, os octópodes estão ligados ao cinema subaquático desde suas origens mais remotas. O filme foi produzido pela companhia de John Ernest Williamson (*Submarine Film Corporation*), inventor da "fotosfera" (*photosphere*), uma câmara de observação submarina que se conectava a um bote via um cabo de aço. Dirigido por Stuart Paton, o filme produziu uma significativa alteração na história original. Em vez da lula, temos um polvo gigantesco que ataca não o submarino, mas sim um dos mergulhadores. Na cena, alguns personagens assistem ao embate por uma ampla janela no submarino, quase como se estivessem no cinema vendo um filme de ação. Williamson chegou a afirmar, na época, que o público acreditou tratar-se de um encontro genuíno. Na verdade, como explica Richard Ellis, foi um dos primeiros "efeitos especiais" do cinema, dado que o polvo consistia em aparato mecânico cujos tentáculos de borracha eram inflados por jatos de ar comprimido (1994, p. 135). Em um filme anterior, *Thirty Leagues under the Sea* (1914), que Williamson exibiu inicialmente a um público de cientistas no museu Smithsonian, presenciamos o curioso e mortal encontro entre o próprio diretor e um tubarão – atraído para a fotosfera graças ao corpo submerso de um cavalo, e assim promovendo o encontro fílmico de dois animais profundamente cinematográficos[49]. Williamson apunhala o tubarão diante da câmera e depois entra na fotosfera para registrar sua agonia final.

A partir dos anos 1950, com o pânico gerado pela ameaça nuclear, o gigantismo dos polvos cinematográficos encontra também uma explicação com aparência de maior cientificidade. É o que acontece em *It Came from Beneath the Sea* (Robert Gordon, 1955), no qual um enorme octópode sai da fossa de Mindanao para atacar embarcações. Com efeitos especiais desenvolvidos por Ray Harryhausen, especialista em animação com *stop motion*, o filme se encerra com a muito apropriada destruição do monstro por meio de um torpedo atômico. Já em *Tentacles* (Ovidio Assonitis, 1977), filme igualmente ruim, o polvo é resultado da poluição e casualmente detesta ondas de rádio – noção que acidentalmente sugere a conexão entre polvos e tecnologias de comunicação. Talvez, o pior dessa série seja o infame *Octaman* (Harry Essex, 1971), no qual a contaminação radioativa de lagos no México produz uma espécie de híbrido humano-cefalópode. Em todos esses filmes, o meio aquático é lócus de um terror de ordem inumana – ainda que muitas vezes transformado por meio da ação humana (caso das monstruosidades nucleares). O octópode é uma figura elusiva; mesmo suas proporções gigantescas são em parte obscurecidas por sua existência

---

[49] Ou três, se contarmos também a presença do ser humano. Sobre a importante atividade dos tubarões no cinema poder-se-ia mencionar *White Death* (Zane Gray, 1936), *The Sharkfighters* (Jerry Hopper, 1956), *Jaws* (Steven Spielberg, 1975) e, mais recentemente, os indecentes *Sharknado* (Anthony Ferrante, 2013) e *The Meg* (Jon Turteltaub, 2018).

nas profundezas. O abismo é o domínio do sombrio, do misterioso, do invisível.

Para John Durham Peters, o oceano é, paradoxalmente, uma zona livre de medialidade (infenso a todas as tentativas humanas de fabricação), ao mesmo tempo em que seria o meio de todos os meios (2015, p. 54). Para entender a mídia, afirma ele, é necessário começar não na terra, mas sim no mar. Ao evocar a famosa ideia de McLuhan sobre a impossibilidade de os peixes perceberem seu elemento natural (a água), Peters destaca a necessidade da produção de contra-ambientes como instrumento de orientação (2015, p. 55). O mar, esse "outro" da terra, nos apresenta uma perspectiva por meio da qual podemos sair de nosso ambiente para ir ao encontro de estranhas criaturas alienígenas – como os cefalópodes. Talvez o cinema subaquático, e particularmente os filmes sobre seres marinhos, possa nos oferecer interessantes contra-ambientes.

De fato, pode ser esse um dos principais efeitos produzidos por filmes como os de Jean Painlevé, nos quais o elemento científico é "perturbado" por tonalidades surrealistas e componentes fabulatórios. É o que Ralph Rugoff define como "uma aventura na estética da estranheza (*uncanniness*)" (2000, p. 49). Rugoff nota, ainda, a importância do movimento (animal) nos filmes do documentarista. O meio aquático confere a tais movimentos uma graça comparável à do balé. Mais que isso, interessa observar que, em geral, "o movimento assume uma qualidade estranha (*uncanny*) quando provoca confusão no que diz respeito ao caráter de sua fonte" (Rugoff, 2000, p. 52). Em outras palavras, ele nos coloca diante da clássica questão freudiana sobre a incerteza quanto a alguma coisa ser viva ou inanimada[50]. Movimentando-se diante das câmeras em contraditórias mesclas de caos e ordenação, rapidez e morosidade, os animais de Painlevé figuram as possibilidades ilusionistas do cinema e a irrealidade da ciência. Em seus filmes, a ciência se torna uma espécie de ficção do real, e o animal se converte em ser mágico que ajuda a revelar a magia do cinema. De fato, o documentarista parecia crer que o filme científico representava o domínio de exploração máxima das possibilidades do aparato cinematográfico. Como escreveu Painlevé:

> [...] originando-se como cronofotografia a partir do trabalho do fisiologista Étienne-Jules Marey (que cedo reconheceu todas suas aplicações), o cinema é usado com efeito máximo nos mundos invisíveis da microscopia (seja microscopia ordinária, de fase-contraste ou interferência), assim como no ambiente subaquático. O movimento – que é, naturalmente, a característica distintiva do cinema – é estudado em plantas e animais, mas, como na astronomia, requer-se a fotografia de lapso de tempo (2000, p. 165).

Em seu singular interesse pelo mistério do animal, Painlevé confere lugar de destaque às criaturas marinhas e, talvez, mais particularmente, aos octópodes, personagem fundamental de trabalhos como *La Pieuvre* (1928)

---

[50] Rugoff não menciona Freud, mas o contexto deixa evidente a conexão com a noção freudiana do *"Unheimliche"*, a inquietante estranheza (ver Freud, 1976).

e *Amours de la Pieuvre* (1965). Nesses filmes, o polvo é simultaneamente fonte de assombro e componente de intrigantes composições estéticas, como nas cenas em que se arrasta sobre um boneco, nos galhos de uma árvore e em um crâneo humano submerso. Se *La Pieuvre* é basicamente uma sequência de imagens cuja único elo comum parece ser o desejo de capturar o mistério e a estranha beleza do octópode, *Les Amours de La Pieuvre* poderia ser lido como uma atualização (em cores) do primeiro filme. Até mesmo o tema da respiração (que denuncia a presença oculta do polvo) aparece aqui repetido. Todavia, no segundo documentário, o foco recai sobre os processos de acasalamento do cefalópode. Mesmo assim, a pele e os movimentos dos seres tentaculares são novamente o elemento que atrai continuamente a câmera, ao passo que a narração se apresenta como distanciada, quase científica, ainda que ocasionalmente se permita certas licenças poéticas (como o *"animal horrifique"* do início do filne). Painlevé recorda que seu fascínio com os polvos nasceu de encontros ocorridos na infância e na juventude. Chamava-lhe atenção, particularmente, a capacidade de expressão emocional dos octópodes por meio da coloração da pele: "sempre que me via, [o polvo] ficava preto; as três camadas de sua pele – azul, vermelho e verde – inchavam com prazer". Mais que isso, porém, impressionou-o a percepção de que o molusco tinha extraordinária memória dos eventos e parecia "tão inteligente como um humano" (2000, pp. 174 - 175).

Não surpreende que a pele de cores cambiantes e texturas sedutoras seja elemento primordial de interesse de um cineasta. A ideia de que os corpos dos moluscos podem ser comparados a uma tela já foi desenvolvida tanto em textos científico-acadêmicos (ver Godfrey-Smith, 2016, p. 108) quanto em ensaios nos quais a ciência é paradoxalmente acoplada à literatura e à imaginação fabulatória. Como vimos no capítulo anterior, em sua ficção filosófica sobre o Vampyroteuthis infernalis, Vilém Flusser chega mesmo a descrever o mundo urdido pelo protagonista tentacular da história com elementos que poderiam ser considerados como propriamente cinematográficos. Em uma referência ainda mais direta, Flusser compara a pele do Vampyroteuthis a uma superfície imagética na versão em português da sua fábula filosófica: "O papel fotográfico é para o fotógrafo o que a pele é para o Vampyroteuthis: suporte de mensagens coloridas" (2011a, p. 122, grifos meus).

Ao tornar a lula o personagem central de seu ensaio, Flusser propõe uma superação do antropocentrismo, de modo que possamos observar nossas condições existenciais a partir do ponto de vista (*Standpunkt*) desse estranho ser (2002a, p. 15). Emergindo como um espelho invertido do humano, representado como um alienígena que nos confronta com a alteridade mais radical, o personagem de Flusser no oferece a possibilidade de um olhar insuspeito sobre nós mesmos e sobre os outros seres com quem dividimos o mundo. Acompanhar a lula-vampiro em sua descida às profundezas é uma experiência, acima de tudo, visual, dada sua capacidade de "projetar cores e luzes" nas trevas de seu habitat (Flusser, 2002a, p. 22). Suas formas de comunicação corporais, segundo Flusser, fazem lembrar nossas mídias contemporâneas (2002a, p. 23). Se a analogia é válida, deparamo-nos com uma suprema ironia quando Sy Montgomery, em seu livro *The Soul of an Octopus*, narra a chegada a um *aquarium*, via correio, de um octópode embalado no que originalmente era uma caixa feita para transportar um televisor *flat-screen* de 27 polegadas (2015, p. 95).

Entretanto, não são apenas os recursos de camuflagem e comunicação do corpo-tela dos octópodes que os tornaram personagens de particular relevância na história do cinema. Os mistérios que os envolvem cruzam-se com outro tema que sempre foi caro ao universo cinematográfico: a representação do alienígena. Destacando a importância da imaginação do extraterrestre na literatura e no cinema, Ziauddin Sardar observa que as presenças alienígenas:

> [...] são as antíteses sombrias que iluminam os fachos de luz na estrutura das histórias, colocando em relevo o que significa ser humano. Extraterrestres ilustram à perfeição aquilo que não é humano, de modo a exemplificar o que é humano. Diferença e alteridade são a essência dos alienígenas, pois apenas assim eles podem reforçar o sentido do *self* e da preservação do *self* que completa a cadeia da ficção científica como gênero normativo (2002, p. 6).

E, de fato, poucas criaturas na Terra corporificam a ideia de uma alteridade radical e extraterrestre como os polvos. Essa conexão parece ter conquistado particular popularidade em anos recentes, tanto na grande imprensa – que não se cansa de explorar a estranheza alienígena dessas criaturas – como em obras científicas. Para Peter Godfrey-Smith, por exemplo, o encontro com os octópodes é "o mais perto que conseguiremos chegar de nos deparamos com um alienígena inteligente" (2016, p. 9). Um artigo publicado recentemente em *Progress in Biophysics and Molecular Biology* chega mesmo a sugerir a possibilidade de que material genético dos cefalópodes tenha chegado à Terra via meteoros na forma de "ovos criopreservados" (um fenômeno que é definido como "panspermia") (Steele e outros, 2018, p. 12). Partindo da incrível complexidade do DNA cefalópode e de algumas estranhas particularidades suas, ao mesmo tempo que destacando sua inteligência e seu sofisticado sistema nervoso, o grupo de cientistas responsáveis pelo trabalho não hesita, pois, em aventar a hipótese de uma origem extraterrena dessas criaturas. Na verdade, não apenas os octópodes, mas o oceano como um todo tem sido caracterizado recentemente como um espaço alienígena (ver Helmheich, 2009).

Desse modo, o cinema foi quase presciente ao sugerir tal conexão desde pelo menos meados dos anos 1950[51].

---

[51] Ele é precedido, porém, pelos mitologemas de Lovecraft, nos quais figuras como *"Cthulhu"*, estranho e monstruoso ser tentacular, chegaram à Terra em remotíssimo passado vindas de distantes sistemas planetários. Imagino o quão divertido seria produzir uma leitura lovecraftiana a partir da filosofia política do Carl Schmitt de *Land und Meer*. Deixando claro que o homem não é peixe ou pássaro (2011, p. 8), mas "sim" um ser da terra (*Landwesen*), Schmitt discorre, contudo, sobre os *Fishmenschen* ("homens-peixe") (2011, p. 10), esses seres estranhos das culturas aquáticas para os quais olha com decidida desconfiança. A nós, homens da terra, suas representações de tempo e espaço parecem

Nos últimos anos, porém, o tema apareceu de forma obsessiva. Em filmes como o excelente *Monsters* (Gareth Edwards, 2010), os alienígenas, que muito apropriadamente habitam a zona fronteiriça entre os Estados Unidos e o México, tem formas cefalopódicas. Após uma sonda da Nasa cair no território mexicano, emerge uma "zona infectada" habitada por gigantescos seres tentaculares. Um fotojornalista americano atravessa a área em uma tentativa de resgatar a filha de seu patrão e levá-la de volta aos EUA. A metáfora central do filme, a relação entre *aliens* e *illegal aliens* (por exemplo, mexicanos que imigram ilegalmente aos Estados Unidos), já havia sido inteligentemente explorada por *Men in Black* (Barry Sonnenfeld, 1997)[52]. Na bela e espectral cena final do filme, os protagonistas observam, extasiados, o ritual de acasalamento entre dois extraterrestres. Os corpos e tentáculos das criaturas, que mais parecem correntes de lâmpadas de *led*, emprestam aos extraterrestres um caráter particularmente cinematográfico (como sucede com a bioluminescência do Vampyroteuthis, segundo Flusser).

Como anteriormente assinalado, a conexão entre os polvos e a imaginação do extraterrestre não é uma novidade no cinema. Em *Invaders from Mars* (1954), *Voyage to the Prehistoric Planet* (1965), *Space Amoeba* (1970) e, claro, *Alien* (Ridley Scott, 1979) encontramos exemplos de

---

"alienígenas e incompreensíveis" (*fremd und unverständlich*) (Schmitt, 2011, p. 10). Lendo essas passagens, é quase impossível não lembrar de contos como *Dagon* ou *The Shadow over Innsmouth*.

[52] Que, casualmente, também apresenta a figura de um alienígena tentacular.

criaturas cefalopódicas. Todavia, essa associação parece realmente explodir a partir dos anos 2000, com filmes como *Skyline* (Colin Strause, 2010), *Grabbers* (Jon Wright, 2012), *Europa Report* (Sebastián Cordero 2013), *La Región Salvaje* (Amat Escalante, 2016) e *Life* (Daniel Espinosa, 2017), por exemplo. *Arrival* (2016), de Denis Villeneuve, é certamente o trabalho mais interessante dessa série. Uma raça de alienígenas inteligentes, denominados de "*heptapods*" (devido aos seus sete tentáculos), chega à Terra, e a linguista Louise Banks (Amy Adams) é convocada para decifrar sua complexa linguagem. A mensagem dos extraterrestres é fundamental para o futuro da humanidade, já que tais criaturas experimentam o tempo na forma de uma simultaneidade radical, e, portanto, conseguem enxergar as ameaças que podem atingir-nos em um futuro próximo. Retomarei o caso de *Arrival* em capítulo posterior para retornar às obsessões flusserianas com os oceanos e os polvos.

Essa recente ampliação do interesse do cinema de ficção científica pelos octópodes parece seguir uma tendência que se manifesta, também, curiosamente, no universo do pensamento teórico e da reflexão acadêmica. Em um interessante artigo publicado na *Times Higher Education*, Roger Luckhurst sugere que os monstros tentaculares vêm alimentado a teoria crítica de modos insuspeitos nos últimos anos. Esse movimento intelectual, se é que assim o podemos definir, vem sendo nomeado como The New

Weird[53], e "apresenta polvos, lulas-vampiro e cefalópodes levemente estranhos com surpreendente frequência"[54].

A fonte primária de inspiração para essas estranhas elucubrações se encontra no escritor norte-americano H.P. Lovecraft e sua célebre criatura tentacular, o poderoso *"Cthulhu"*. Para Luckhurst, esse fascínio com os octópodes expressa essencialmente a ideia de alteridade, daquilo que é difícil (senão impossível) de traduzir em nossa linguagem corrente, mas que poderia ser conceitualizado como uma "pedagogia tentacular". Exemplo interessante desse novo tipo de empresa intelectual é o livro de Eric Wilson, *The Republic of Cthulhu* (2016), no qual a obra de Lovecraft é usada como instrumento para pensar uma estética característica do campo "parapolítico" – ou seja, toda sorte de instituição clandestina ou agência de inteligência que se mantém à margem das esferas oficiais do estado. Entretanto, essa onda de novas abordagens críticas inspiradas pelo gótico e pelos polvos parece estar apenas se formando nas praias do pensamento teórico. Apenas a título de exemplo, poder-se-ia mencionar ainda *Tentacles Longer than Night* (2015), de Eugene Thacker, e *Slime Dynamics* (2012), de Ben Woodard[55].

---

[53] O termo é ambíguo, já que designa um estilo literário (por exemplo, as novelas e contos de China Miéville ou Thomas Ligotti) ao mesmo tempo que uma corrente de pensamento crítico nas intercessões entre filosofia e estudos culturais.
[54] No original: "features octopuses, vampire squids and slightly stranger cephalopods with startling frequency". Disponível em <https://www.timeshighereducation.com/comment/opinion/tentacles-the-new-fangs-and-teaching-tool/2013987.article>. Acesso em 16 de setembro de 2018.
[55] É bem verdade que o "New Weird" encontra precursores importantes nos trabalhos do CCRU (Cybernetic Culture Research Unit) dos anos 1980, especial-

Todos esses estranhos movimentos no cenário cultural contemporâneo apontam para um interesse crescente pelas categorias da alteridade, do alienígena, do distante, ou, para usar a certeira expressão de Peter Szendi, do "todo outro" (*tout autre*) (2011). No cinema, a noção de "outridade" (*otherness*) sempre foi intensamente tematizada, seja por meio do feminino (Harrington, 2018), do outro racial (Richardson, 2010) ou do alienígena e do sobrenatural como figuras simbólicas da relação filosófica entre o mesmo e outro (Sardar e Cubitt, 2002). Os cefalópodes, como criaturas carregadas com o simbolismo da alteridade alienígena, ao mesmo tempo que associadas ao imaginário das tecnologias imagéticas (Flusser, 2002a; Mellamphy & Mellamphy, 2014; Godfrey-Smith, 2016), deveriam, pois, ocupar uma posição especial em uma possível história do cinema como figuração da alteridade, como dialética entre o visível e o invisível, entre o próximo e o distante. Aqui, a ideia de uma conversação interespécies ganha importantes contornos. Ultrapassar o antropocentrismo significa entrar em relação com formas de alteridade que estão ao mesmo tempo próximas e distantes de nós. Se o cinema é uma interrogação sobre o visível e o cinema fantástico, particularmente, uma exploração do invisível, como sugere Gonzalo de Lucas (2001), os filmes podem nos ensinar a enxergar outros reinos da experiência, outros domínios

---

mente por via de Nick Land e Reza Negarestani. A respeito do CCRU, abrigado no departamento de filosofia da Universidade de Warwick, ver Simon Reynolds em <http://energyflashbysimonreynolds.blogspot.com/2009/11/renegade--academia-cybernetic-culture.html>. Acesso em 13 de maio de 2017.

da existência para além das fronteiras humanas do olhar e do pensamento.

É nesse sentido, precisamente, que Flusser nos incita a nos engajarmos em uma conversação com os alienígenas existentes aqui mesmo, sobre a superfície de nosso planeta. Sim, esqueçamos por um momento os alienígenas de mundos distantes e busquemos as estranhas formas de vida habitando, por exemplo, "os mares profundos", nas regiões que "ainda se encontram em grande parte encobertas para nós" (Flusser, apud Felinto & Santaella, 2012, p. 179). Mesmo a imaginação de seres nativos de Vênus, Marte ou Júpiter, algo que seria para nós "desproporcionalmente estrangeiro, como um polvo gigante" (Flusser, apud Felinto & Santaella, 2012, p. 181), não é nada comparado aos mistérios animais que se encontram aqui mesmo, na Terra. "Uma conversação com uma única espécie diferente (*frenden Art*) alteraria nossa própria espécie de modo fundamental", escreve Flusser (Flusser, apud Felinto & Santaella, 2012, p. 181). Não seria o cinema um campo cultural interessante para empreender tal conversação? Para Bazin, pelo menos, com certeza. Afinal, assim como os filmes de animais nos revelam o cinema, "o cinema nos ensina a melhor conhecer os animais" (Bazin, apud Bellour, 2009, p. 537).

VI. Gestos, imagens, ambiências[56]

Não existe, claro, nenhuma razão pragmática ou objetiva, e muito menos científica, para a atração que certos conceitos ou ideias particularmente estranhos ou contra-intuitivos podem despertar. A estranheza não é, obviamente, critério de veracidade ou cientificidade. Porém, mesmo o homem de ciência sente por vezes aquela inclinação ao maravilhoso, ao estranho e ao exótico que foi uma paixão central do Barroco. Certamente, sempre haverá quem ache tal disposição inconsequente ou intelectualmente irresponsável. Talvez ela indique uma exagerada inflexão estética no campo do pensamento. Jorge Luis Borges, por exemplo, apreciava na filosofia exatamente aqueles elementos mais singulares e incomuns que permitiam aproximá-la da literatura fantástica. Aliás, ele continuamente reafirmou seu fascínio com figuras intelectuais que ele, como Rubén Darío, denominava de "raros": os pensadores esotéricos, misteriosos, geralmente desconhecidos do público e entregues a formas de especulação selvagem (Cf. Camurati, 2005). Mas não seria também inteiramente equivocado aproximar essa atitude

---

[56] Uma versão deste capítulo foi publicada como "Flusser e Warburg: gesto, imagem, comunicação", na revista *ECO-PÓS*, v. 19, n. 1, 2016.

a um princípio da teoria de sistemas de segunda ordem: quanto mais contra-intuitiva é uma ideia, mais produtiva ela tende a ser. A teoria dos sistemas de Luhmann se funda, em boa parte, em princípios dessa natureza, como, por exemplo, a célebre tese de que os seres humanos não se comunicam; apenas "a comunicação se comunica" (Cf. Moeller, 2006, p. 6). Pensadores "estranhos" poderiam ser, assim, aqueles que acalentam propostas contra-intuitivas, que tendem à instabilidade e à ruptura com os modelos estabelecidos, que desconfiam de epistemologias fortes e se entregam aos voos imaginativos.

Aby Warburg e Vilém Flusser seriam, sem dúvida, dignos representantes dessa estirpe dos "raros". Como costuma ocorrer, ambos alcançaram reconhecimento e respeito apenas muito tardiamente. Meu objetivo aqui será descrever os elementos que permitem mais nitidamente inseri-los nessa categoria de um pensamento do risco e, ao fazê-lo, esboçar alguns interessantes pontos de contato entre eles. Vale advertir que comparar esses dois autores, à primeira vista distantes temporal e intelectualmente, é em si mesmo um gesto contra-intuitivo. Em Warburg, interessa-me especificamente seu projeto mais excêntrico e mais célebre: o vasto atlas de imagens que ele denominou, em homenagem à deusa grega da memória, Mnemosyne. Definido por Philippe Alain-Michaud como "um dos mais fascinantes e enigmáticos objetos na história da arte contemporânea", o *Atlas Mnemosyne* de Warburg tinha como objetivo nada menos que desenvolver um "novo estilo de apreender fenômenos estéticos", no qual o conhecimento "é transformado em uma configuração cosmológica e o abismo entre a produção das obras e sua interpretação é abolido" (2004, p. 251).

Mnemosyne consistia, basicamente, em grandes painéis de fundo negro nos quais eram dispostas imagens (fotografias, gravuras etc) em séries. Nessas sequências de imagens, que segundo Alain-Michaud, possuem um caráter eminentemente cinematográfico, praticava-se uma espécie de iconologia cujo objetivo não era interpretar as imagens isoladamente, mas sim produzir sensações por meio das interrelações entre as figuras, uma experiência que não poderia ser reduzida ao discurso (2004, p. 252). O que se destacava nas figuras era seu caráter móvel. Warburg acreditava numa espécie de sobrevivência de certas formas expressivas e gestuais ao longo de toda a história da arte. Uma noção que expressava com o termo alemão *Nachleben* (pós-vida). O termo, sabemos, é também utilizado por Walter Benjamin, em seu famoso ensaio *Tarefa do Tradutor*. Ali, ele se relaciona com a sobrevivência ou pós-vida da obra, que se dá por meio do trabalho da tradução e da crítica. E não seria absurdo, como já fez Matthew Rampley, comparar *Mnemosyne*, esse ambicioso projeto inacabado, ao igualmente inacabado e ousado *Das Passagen-Werk* de Benjamin (Cf. Rampley, 2000). O projeto warburguiano consistia numa tentativa de mapear o que ele designou como *Pathosformel*, ou seja, as fórmulas expressivas que traduziam, em gestos e configurações faciais, os mais variados sentimentos e emoções. Segundo a definição de Ulrich Port, extraída em parte do próprio Warburg, o *Pathosformel* "aponta para um repertório de 'formas expressivas da máxima comoção interior' (*Aus-*

drucksformen des maximalen inneren Ergriffenseins), que é fixada nas artes plásticas e literatura dos antigos e, em épocas posteriores, assimilada na apresentação do corpo humano em variadas formas" (2002, p. 11). Todavia, não se pode atribuir a essas fórmulas sentidos definidos e permanentes. É precisamente pelo fato de que as imagens têm uma vida e são dinâmicas – ou seja, têm mobilidade – que as sensações por elas produzidas dependem de contexto e situação específicos. Essa língua imagética da gestualidade (*Bildersprache der Gebärde*) têm conteúdo expressivo modificável e pode mesmo, num processo denominado por Warburg de "*Inversion*", adquirir significados radicalmente opostos em diferentes ocasiões e concretizações. Desse modo, um gesto que antes indicava temor e medo pode, em outra manifestação imagética, indicar contemplação. Originalmente, se é que é legítimo aqui falar em origens, essa imagética deveria servir para criar um distanciamento consciente entre sujeito e mundo exterior, de modo a domesticar os perigos e incertezas da existência. Uma espécie de reação, portanto, àquilo que Hans Blumenberg denominou como "absolutismo da realidade" – esse terror que a realidade circundante nos provoca devido à nossa submissão aos perigos do mundo e às incertezas do devir. O caráter mutável desse repertório gestual lhe confere, pois, um aspecto paradoxal: ao mesmo tempo instrumento mnemônico para a fixação de formas e índice vivo das mutações culturais e artísticas da história. Mas mesmo nas encenações afetivas mais sublimadas, permanece sempre um resquício das arcaicas experiências do terror e do estranhamento

(Cf. Port, 2002, p. 15). A questão da fixação, assimilação e retorno das *Pathosformel* deveria, portanto, fazer parte de uma técnica investigativa iconográfica, tanto quanto suas transformações, processamentos e inversões.

Com Warburg, a iconologia sai de sua tradicional imobilidade e adquire vida, movimento e uma inclinação especial pelo tema da gestualidade. Como afirmou Georges Didi-Huberman referindo-se a Warburg, "a imagem não é um campo de conhecimento fechado"; ela é um domínio centrífugo, "demandando todos os aspectos antropológicos do ser e do tempo" (apud Michaud, 2004, p. 13). Ainda nas palavras deste último, a proposta de Warburg pode ser entendida como uma ciência arqueológica do *pathos* da antiguidade, que, em sua pós-vida insiste em retornar através de toda o vasto percurso das imagens na cultura. Nesse sentido, em nada surpreende que a coletânea de textos organizada por Stefan Andriopoulos e Bernhard Dotzler sob o título *1929: Beiträge zur Archäologie der Medien* (1929: Contribuições para uma Arqueologia dos Meios), se inicie precisamente com um artigo sobre Mnemosyne (2002). Nesse artigo, Ulrich Port caracteriza a empresa de Warburg como essencialmente "midiática", não apenas pela grande quantidade de metáforas tecnológicas (*Medienmetaphorik*) empregadas em seus textos explicativos, como, por exemplo, "transformadores" e "sismógrafos", senão também pelo vivo interesse que o iconólogo demonstrava pela questão do suporte midiático das imagens. A essa proliferação de metáforas da medialidade, correspondia ainda, segundo Port, "uma elevada sensibilidade aos meios efetivos de transporte dos processos imagético-históricos de transmissão, difusão e transformação e à 'tecnologia de sua forma de veiculação'" (2002, p. 19). Ou seja, Warburg considerava uma questão central a materialidade específica e a configuração técnica dos suportes midiáticos das imagens. Em Mnemosyne, como afirma ainda Port, o problema essencial se localiza na relação entre o *pathos* da preservação do patrimônio espiritual (*Erbgutverwaltung*) e a sequência de imagens narrativas, "em resumo: de uma junção entre *Pathosformel* e medialidade" (2002, p. 17). Ele lembra que a primeira utilização de projetores de diapositivos no âmbito da história da arte se deve a Warburg (2002, p. 21). E no cerne do projeto do *Atlas*, encontramos uma proposição fundamentalmente cinematográfica, segundo a análise de Michaud, na qual o tema do movimento e da gestualidade humana ocupava lugar de destaque.

É nessa interface entre gestualidade e medialidade, entre movimento humano e suas relações com os aparatos e meios que Flusser e Warburg de algum modo se encontram. Por volta dos anos 1980, Flusser dedicou um livro inteiro à análise dos gestos humanos, e o introito da obra se entrega a uma investigação – de partida reconhecida como, ao menos, parcialmente fracassada – sobre sua essência e origem. O livro propõe, em seguida, realizar leituras fenomenológicas dos mais diversos gestos, mas especialmente daqueles que diretamente se relacionam com aparatos tecnológicos, como o "gesto de filmar" e o "gesto de fotografar". O caráter enigmático dos gestos deriva provavelmente de sua qualidade fronteiriça. Entre natureza e cultura, entre ação intencional e mera reação, Flusser associa os gestos aos misteriosos termos *"Gestimmtheit"* e *"Stimmung"*. Este último, como se verá adiante, também irá ocupar papel fundamental na recente proposta de Hans Ulrich Gumbrecht de um novo modo de "leitura" para os produtos culturais (Cf. Gumbrecht, 2011). Os dois termos cobrem espectros semânticos muito próximos e são por vezes tomados como sinônimos. Enquanto que a primeira palavra poderia ser traduzida como "afinação" e "disposição", o segundo é costumeiramente vertido como "atmosfera", "afecção". Ambos se relacionam, naturalmente, à "voz" (*Stimme*), daí toda a gama de sentidos ligados ao som e à música ("afinação", "harmonia", "ressonância", "sintonia", etc). Conhecemos, por exemplo, a importância desse sentido na obra de Heidegger, onde o *Dasein* (o ser-aí) do homem é sempre "afinado" ou "disposto" (*gestimmt*) de um modo ou de outro.

O intrigante na noção de *Stimmung* é que ela recobre tanto aspectos físicos e corporais quanto psíquicos. Ou seja, dissolve a tradicional barreira estabelecida entre corpo e espírito, entre material e imaterial. Segundo Flusser, só podemos saber com um mínimo de certeza que ela não expressa nada da ordem da razão (1994, p. 13). Partindo da definição minimal do gesto "como movimento do corpo ou de uma ferramenta a ele ligada para o qual não existe nenhuma explicação causal suficiente" (1994, p. 8), ele chega, em seguida, à noção do gesto como *Gestimmtheit* que veicula um *Stimmung*, ou seja, mal traduzindo, uma disposição que transmite um estado interior. Todavia, nenhuma explicação causal basta aqui (por exemplo, o gesto é motivado por convenções culturais), pois os gestos se encontram precisamente naquele intervalo indefinível entre o intencional e o involuntário. Necessitamos, afirma Flusser, de uma teoria da interpretação dos gestos que a chamada pesquisa comunicacional (*Kommunikationsforschung*) possivelmente poderia nos oferecer. O problema é que esse campo de pesquisas, voltado à interpretação e especulação, torna-se, sob o influxo das ciências da natureza, um saber com pretensões explicativas.

Mas o que Flusser propõe, na verdade, é uma técnica de leitura intuitiva, baseada numa espécie de simpatia com o outro (ele usa o termo *Introspektion*, mas poderíamos também empregar outra palavra alemã aparentada com *Stimme: Einstimmung*, "concordância", "afinação"), e fundada numa aproximação da noção de *Gestimmtheit* com a arte. Pois se os dois pontos centrais de nossa investigação são a representação simbólica implicada nos gestos de algo diferente da razão (*etwas anders als Vernunft*), então é inevitável que ingressemos no domínio da arte. Repare--se, aqui, a proximidade com o projeto warburguiano: "Quando observo uma obra de arte, não a interpreto como um gesto congelado que apresenta simbolicamente algo que é de outra ordem que a razão (*anders als die Vernunft ist*)?" (1994, p. 14). E não é o artista alguém que expressa e articula algo que a razão (a ciência, a filosofia, etc) não pode articular? Mais nitidamente "warburguiano" ainda é a suposição posterior: "E pode bem ser que um gesto carregado de sentimento seja epistemologicamente e moralmente desonesto, ao passo que esteticamente honesto, como no caso dos gestos que tiveram como resultado a arte escultórica da Renascença, modelada naquela dos gregos" (1994, p. 16).

E aqui chega-se, então, a um ponto fundamental: "A questão não é se a apresentação de uma *Stimmung* é mentirosa ou menos ainda se a apresentação de uma *Stimmung* é adequadamente verdadeira, mas sim se ela toca (*berührt*) o observador" (1994, p. 14). Não se trata, portanto, da determinação de uma verdade ou falsidade cientificamente verificáveis. Com seu estilo tipicamente circular, enigmático e inconclusivo, Flusser nunca nos oferece efetivamente uma teoria da interpretação dos gestos, mas, sim, uma indicação de um modo de leitura não quantificável e não traduzível na ordem do discurso (ao menos do discurso científico). "A *Gestimmtheit* liberta as *Stimmungen* de seus contextos originais e os faz tornar-se estéticos – na forma de gestos. Elas se tornam 'artificiais'" (1994, p. 13). É por isso que podemos dizer que a *Gestimmtheit* não é uma questão ética ou epistemológica, mas, sim, estética. O que necessitamos para lê-la é, por sua vez, também uma certa disposição, uma atitude subjetiva que tem menos a ver com a determinação de um significado claro que com certa sensibilidade para as sensações.

Nesse sentido, a proposta de Flusser também não está muito distante das proposições formuladas por Hans Ulrich Gumbrecht em seu último livro, intitulado precisamente "*Ler Ambiências*" (*Stimmungen lesen*, 2011). Ao diagnosticar os impasses e a sensação de esgotamento que pairam sob a crítica literária nos dias de hoje, Gumbrecht propõe uma posição na ontologia da literatura que não passa nem pelas já conhecidas opções da desconstrução ou dos *cultural studies*, mas que pode ser expressa no (incrivelmente difícil de traduzir) termo alemão *Stimmung* (2011, p. 10). Essa dificuldade também é notada, naturalmente, por Flusser, quando assinala a falta de clareza do termo, "que alcança desde as impressões sensoriais, passando por emoções e sensibilidade e chegando até a ideia" (2011, p. 13). Essa indefinição, aliás, é um dos elementos que torna o conceito interessante. Para Gumbrecht, uma forma de leitura orientada ao *Stimmung* (*stimmungsorientierte lesen*) representaria uma espécie de abstinência hermenêutica, que decide, ao menos momentaneamente, abrir mão da interpretação para buscar captar o "*mood*", a "atmosfera", a "ambiência" geral de uma obra. O fascinante na noção de *Stimmung*, mais uma vez, é sua capacidade de referir-se ao mesmo tempo a elementos de ordem material e imaterial (como os gestos). Quando ouvimos uma música, por exemplo, suas sonoridades invisíveis afetam materialmente não apenas nossos ouvidos, mas a totalidade de nosso corpo. Ela toca nosso corpo e o envolve, do mesmo modo como o faz também o clima: "Ser tocado (*berührt werden*) pelos sons ou pelo clima: esses são os encontros mais suaves e menos impactantes, ao mesmo tempo que fisicamente concretos, com o nosso ambiente físico – 'encontros' no sentido literal da palavras, nos quais nosso corpo se choca" (2011, p. 12). Claro, a dimensão do *Stimmung* em um texto, por exemplo, nunca pode estar inteiramente separada dos aspectos materiais desse texto (de sua prosódia, por exemplo) e sempre despertam "sentimentos interiores" (*innere Gefühle*) no observador. Além da dimensão do sentido e das práticas hermenêuticas, as coisas entretêm conosco uma relação de ordem corporal. Essa é sua vida secreta, frequentemente encoberta pelos véus interpretativos que colocamos diante delas. Em uma época que Gumbrecht caracteriza como uma "cultura de presença", em oposição a "culturas de sentido", tal procedimento de leitura pode revelar-se bastante interessante.

Importa advertir que não se trata de optar exclusivamente por uma coisa ou outra. O que ocorre é a predominância de uma ou outra orientação em determinado contexto histórico-cultural. Assim, se houve épocas em que a cultura do sentido prevaleceu, existiram aquelas onde dominou a cultura da presença, como sucede hoje e também, anteriormente, na Idade Média. De fato, especialmente na Alta Idade Média pode-se falar em uma forte cultura da presença e do corpo, que o historiador e germanista Stephen Jaeger preferiu definir em sua obra *The Envy of Angels* com a expressão "cultura carismática" (1994, p. 4). Para Jaeger, o que singularizava o sistema educacional dos séculos X e XI era a centralidade desempenhada pela figura do corpo do mestre, pelos exemplos individuais e concretos, e que mais tarde serão deslocados pelo domínio das práticas textuais. O professor ensinava, com sua própria disciplina corporal, postura, gestos e atitudes, tanto os *mores* (costumes) como as *litterae* (saberes) adequados. Se posteriormente, a partir dos séculos XII e XIII, os textos e os procedimentos hermenêuticos, em sua imaterialidade, passaram a comandar as práticas educacionais, antes não existia separação nítida entre o conteúdo daquilo que era ensinado e a forma, a presença corporal através da qual ele se manifestava. Essa ideia era de tal modo prevalente na Alta Idade Média que o termo latino *documentum* indicava não apenas textos, senão também "a presença humana carregada com força pedagógica" (Jaeger, 1994, p. 11). Desse modo, um texto medieval podia dizer de um monge: "juntamente com outros 'documentos' (documenta) da boa vida, ele legou aos clérigos um exemplo extremamente salutar da abstinência e autocontrole" (*Ibid.*). Poderíamos, assim, falar em uma espécie de estética material da existência, da qual o saber imaterial não podia ser descolado.

Para Gumbrecht, como para Flusser, a leitura de *Stimmungen* inscreve-se, em suas formas de articulação, no nível da experiência estética. Sempre estendida e tensionada entre efeitos de presença e de sentido, a experiência estética representa a situação ideal para a manifestação desse estranho composto alquímico que é a *Stimmung*. Claro, a dificuldade com um procedimento de leitura como o sugerido por Gumbrecht é que necessitamos reconhecer que cada *Stimmung* tem sua concretude específica, sua qualidade singular como fenômeno material. Todavia – e isso é absolutamente central – podemos somente apontar (*verweisen auf*) para essa singularidade, sem conseguir nunca a descrever definitivamente com conceitos (2011, p. 26). Por essa razão, Gumbrecht se afirma cético de qualquer teoria geral que busque esclarecê-las ou domesticá-las via alguma metodologia. Em suas próprias palavras:

> [...] eu acredito que nós, cientistas sociais (*Geisterwissenschaflter*), deveríamos nos entregar mais à capacidade para o pensamento contra-intuitivo

do que a 'trilhas' ou 'caminhos' predelineados (segundo o significado original da palavra 'método'). O pensamento contra-intuitivo, como um pensamento que não se envergonhe de se desviar das normas da racionalidade e da lógica – com boa razão dominantes na vida cotidiana –, irá sempre lucrar ao se deixar conduzir por intuições em movimento" (*Intuitionen in Bewegung*) (2011, p. 29).

Intuições em movimento. Com esta expressão, parece mais que adequado retornar ao projeto de Warburg. Pois *Mnemosyne* propunha também, arrisco-me a afirmar, um procedimento de leitura das imagens convergente com as perspectivas delineadas por Flusser e Gumbrecht. Como sugere Michaud, o *Atlas* de Warburg permite repensar o metadiscurso do historiador e do filósofo como uma forma de expressão poética autêntica. "O autor é menos o mestre de suas palavras do que uma superfície receptiva, uma placa fotossensível na qual textos ou imagens emergindo do passado se revelam" (2004, p. 260). Essas imagens, libertas de sua possível funcionalidade, se entregam a uma estranha flutuação figurativa. Se a comparação da biblioteca da Warburg com as antigas câmeras barrocas de maravilhas (*Wunderkammern*), realizada por exemplo por Kurt Forster, pode parecer à primeira vista superficial, ela indica, todavia, certas afinidades que se mostram interessantes para abordarmos as questões centrais aqui propostas (Cf. Rampley, 2000, p. 66). Pois as câmeras de maravilhas não organizavam suas estranhas coleções de objetos – curiosidades do mundo natural e prodígios do artifício humano – como os museus modernos, seus herdeiros, a partir de critérios racionais e lógicos. Antes, a lógica que as guiava era a da *curiositas*, precisamente aquela pulsão, tipicamente pré-moderna, que Siegfried Zielinski definiu como essencial ao pensamento de Flusser, em sua obra *Archäologie der Medien* (2002, p. 121). O fascínio com as imagens, com os gestos e com as coisas, bem como os procedimentos de leitura que se debruçam sobre suas superfícies materiais e as *Stimmungen* que provocam nos observadores estão presentes em Flusser e Warburg. Ambos criam um modelo de investigação dos fenômenos culturais que não abdica nem da cientificidade nem das potencialidades da imaginação. Esse saber temperado com arte pode abrigar potências inauditas para a investigação de uma cultura como a nossa, tão ligada ao virtual e ao imaginário, uma "fusão de consciência e *software*", como a define Gumbrecht (2011, p. 5).

E o que poderia distinguir Flusser de Warburg? Essa é questão talvez para outra ocasião. Mas uma comparação rápida de imagens pode talvez nos ajudar, ainda que apenas intuitivamente. Na maior parte das fotografias que capturaram sua imagem, Warburg aparece contido, braços fechados, expressão contemplativa, como convém aos grandes pensadores da tradição europeia clássica. Flusser, por outro lado, apreciava os gestos amplos, os braços abertos e a vitalidade transbordante. Enquanto o *Atlas Mnemosyne* condensa séculos de tradição e transformação da história da arte em seus painéis, como um microcosmos que nos captura o olhar, o projeto intelectual de Flusser, especialmente sua "comunicologia", era baseado em princípios de expansividade e universalidade. Em certo sentido, eu diria que os dois representam expressões de diferentes aspectos implicados nas câmeras barrocas de maravilhas, um princípio de condensação e outro de expansão. O mundo cabendo numa caixa, e a caixa operando como índice da extraordinária variabilidade e multiplicidade do mundo. Para ambos, o passado constituía certamente uma reserva inesgotável de lições para o presente. Ambos exploraram o tempo em sua dimensão intensiva. Para usar outra expressão de Zielinski, ambos trabalharam no registro do "tempo profundo". Warburg definiu *Mnemosyne* como uma história de fantasmas para adultos (apud Michaud, 2004, p. 260: "eine Gespenstergeschichte für ganz Erwachsene"). É como se o passado retornasse para nos assombrar e surpreender continuamente, para nos pôr em indagação constante sobre seus significados e formas de experiência. E histórias de fantasmas são sempre estranhas, sempre perturbadoras, sempre transformadoras.

VII. Os mares flusserianos e a dissolução da identidade[57]

Os temas da identidade e da alteridade ocupam uma posição curiosa no campo de estudos da comunicação. Ainda que pareçam centrais ao fenômeno comunicacional – e que eventualmente sejam tratados, sob diferentes formas, em trabalhos que lidam com temas como globalização, marginalidade ou processos de socialização –, uma boa parte do que se produz no campo considera apenas superficialmente o problema, quando não o ignora por completo. Mais que isso, possivelmente dado seu interesse apenas ocasional pelas explorações de caráter filosófico, a teoria da comunicação se manteve frequentemente alheia à longa tradição de debates sobre identidade e alteridade que permeia a filosofia. É verdade que autores como Martin Buber, Charles Taylor e Emmanuel Lévinas pontilham ocasionalmente os estudos sobre comunicação, mas, dada a centralidade da questão para os processos de intercâmbio simbólico, ainda parecem ser tímidas as investidas da comunicabilidade nesse horizonte.

---

[57] Uma versão deste capítulo foi publicada como "Mare Nostrum, Mare Alienun: identidade, epistemologia e a imaginação flusseriana dos fluxos", na revista *Matrizes*, v. 12, n. 3, 2018.

Todavia, esse panorama possivelmente tende a se alterar nos próximos anos, devido a uma série de diferentes fatores, cuja apresentação exaustiva não caberia aqui. Entre eles destaca-se, certamente, o papel da internet em colocar o tema da identidade no centro dos debates sobre cultura digital, inicialmente encarada como um ambiente no qual seria possível fomentar, de forma lúdica, o livre jogo das identidades. Nesse sentido, seria possível afirmar que houve uma primeira onda relevante de discussões sobre o tema em torno dos anos 1990. No mundo virtual, ninguém estaria necessariamente preso a uma identidade fixa e acabada, e a representação possivelmente mais exaustiva dessa tese pode ser encontrada no clássico estudo de Sherry Turkle, *Life on the Screen* (1997). Trata-se, porém, de uma discussão já antiga (ao menos para os parâmetros "dromocráticos" da sociedade em rede), e cujo enfoque ingênuo e otimista já foi substituído por percepções mais críticas e informadas. O que agora, de fato, reposiciona o problema da identidade no foco de nosso horizonte de preocupações são discussões que gravitam em torno do uso das redes sociais pelo ativismo identitário ou as reconfirações recentes de espectros ideológicos e forças políticas ligados ao uso de meios digitais. O trabalho recente de Angela Nagle, *Kill all Normies* (2017), é um bom exemplo desse segundo tipo de discussão. Nagle compõe mais um capítulo de uma longa série de revisões críticas sobre as utopias digitais, ao assinalar que a anonimidade da internet e a cultura hacker libertária não promoveram, necessariamente, um ambiente político mais saudável ou progressista. Ao contrário do que boa parte da esquerda esperava, a surpreendente ascensão da *"Alt-right"* (bem como várias outras formas de conservadorismo) em ambientes on-line parece hoje fazer do mundo digital um espaço ideal para a difusão de misoginia, racismo e microfascismos das mais variadas nuances.

A bem da verdade, Nagle acaba por costurar as duas discussões mencionadas acima, já que, ao menos parcialmente, põe o crescimento dos movimentos conservadores na internet na conta dos excessos e equívocos do ativismo identitário em rede. Como ela assinala na conclusão do livro, "é inquestionável que a embaraçosa e tóxica política on-line representada por essa versão da esquerda, que tem sido tão destrutiva e inumana, transformou a esquerda em objeto de troça para toda uma nova geração" (2017, p. 97). A popularidade do conservadorismo entre a juventude dos ambientes digitais teria sido, assim, largamente alimentada pela política de perseguições e censuras dos chamados *"social justice warriors"*, que teria acabado por contribuir com a ideia de que estar à direita pode ser algo "excitante, divertido e corajoso", possivelmente pela primeira vez na história (*Ibid.*). Certamente, algumas teses de Nagle são bastante polêmicas[58], mas merecem consideração cuidadosa. Nos últimos anos, de fato, o domínio dos debates identitários se tornou um violento campo de batalha, rapidamente apropriado pelos ideólogos da direita que

---

[58] Como bem mostrou o acalorado debate que se seguiu à sessão "Better Think Twice: Subcultures, Alt-s, and the Politics of Transgression", no qual Nagle participou, ao lado de Florian Cramer, da edição 2018 da Transmediale, o conhecido festival de arte eletrônica de Berlim.

denunciam o suposto autoritarismo e incapacidade de diálogo das esquerdas.

Todo esse imensamente complexo cenário, no qual juventude e libertarianismo podem ser associados a signos reacionários e minorias identificadas, pelo pensamento conservador, como "forças opressoras", exige que o tema da identidade seja reinvestigado em suas mais sutis dimensões filosóficas, antropológicas e sociológicas. O que significa falar em identidade numa época na qual o conceito parece ter sofrido uma mutação paradoxal que registra simultaneamente indícios de flexibilização e congelamento? Como reposicionar a relação entre identidade e alteridade em um contexto no qual se afirma a dimensão aberta e instável da identidade como construção, ao mesmo tempo em que se substancializa a relação entre o mesmo e o outro num conflito frequentemente avesso à autêntica emergência das alteridades? Estaria correta a tese de Byung-Chul Han, segundo a qual "o tempo no qual ainda existia o outro passou", e que hoje essa figura desaparece em suas manifestações como mistério, sedução e dor, apenas para ser substituída pelo "terror do mesmo" (*der Terror des Gleichen*)? (2016, p. 5). No limitado espaço dos parágrafos que seguem, pretende-se apenas sugerir as linhas inicias de uma reflexão que pode, talvez, desenhar caminhos interessantes e inovadores para se pensar a problemática da relação entre o mesmo e o outro.

Vale assinalar que temas como identidade, dialogismo e a relação com a alteridade (e mesmo a alteridade radical ou o que Peter Szendy chama "*le tout autre*"[59]) ocuparam lugar fulcral desde cedo no pensamento de Vilém Flusser. Profundamente influenciado pela filosofia de Martin Buber, Flusser identifica na intersubjetividade um mecanismo essencial de constituição do humano. Na emergência dos polos fundamentais *Ich-es* (a relação do eu com os objetos) e *Ich-Du* (a relação do eu com o outro), o ser humano elabora seus limites e se singulariza. Nos constituímos nesse encontro com a coisidade do mundo (*dinglichkeit*) e com a contraparte humana, que definem nossas fronteiras. As palavras primárias, como o eu e tu, não exprimem coisas, mas sim "intimam relações" – ou seja, são existencializadoras (Buber, 1950, p. 3). Flusser assimilou o pensamento de Buber em diferentes instâncias de sua reflexão, não só no campo da comunicação, mas nos muitos outros domínios nos quais se aventurou. Mesmo em certos momentos insuspeitos, a problemática do "eu-mundo" e do "eu-tu" penetrou nos meandros das preocupações flusserianas, e de forma ainda mais surpreendente do que seria de se esperar. Em *Natural:Mente*, livro publicado em 1979, Flusser relativiza radicalmente as tradicionais fronteiras entre natureza e cultura, de um modo que poderia, por exemplo, ser visto como surpreendentemente atual. Quando reflete, alternadamente, sobre as particularidades das obras da natureza e das obras do engenho humano (como, por exemplo, o Passo del Fuorn e a Transamazônica), Flusser conclui que:

---

[59] Cf. Szendy, 2011.

[...] provavelmente os dois tipos de cultura e de arte não existem nem jamais existiram, em estado puro. E que toda cultura concreta ou toda arte são mistura ou síntese dos dois tipos propostos. O que torna extremamente problemático não apenas querer distinguir, ontologicamente, entre várias culturas, mas também querer estabelecer rigorosa dialética entre cultura e natureza (2011b, p. 16).

No final da obra, Flusser chega ao ponto de afirmar que a "distinção ontológica entre natureza e cultura" não se sustenta mais no momento presente (*Ibid.*, p. 150). Ocorre, na realidade, que todos os campos de conhecimento cercando os problemas tratados no livro sofreram transformações profundas nos últimos anos: da noção de sujeito, à ideia de ciência e ao tema da natureza, nenhum construto tradicional permaneceu incólume. Acima de tudo, o princípio segundo o qual um "sujeito-observador" se situa objetivamente sobre um objeto, como espectador distante, deixou de ser sustentável, segundo Flusser. Neste ponto, percebe-se que o conceito de identidade, seja ele de qual extração for, torna-se altamente problemático.

De fato, ao desenvolver a ideia de que o homem deixa de ser sujeito para converter-se em projeto, Flusser dá um passo a mais na dissolução do conceito de identidade. Essa transformação certamente se processou em etapas, ao longo de um largo período. Já na modernidade, quando nossa fé religiosa fora suplantada pela fé na tecnologia, voltamo-nos de Deus para as coisas, mas nessa mesma altura elas já estão convertidas em névoa, dada a percepção de que somos nós que projetamos as coisas (assim como era com Deus). É o que Flusser define, em *Vom Subjekt zum Projekt*, como um "processo fantasmático" (*gespenstischer Vorgang*), que, por meio do belo nome de "Iluminismo" (*Aufklärung*) confunde névoa com clareza (1998b, p. 12). Tanto a solidez do sujeito como a do mundo se desfazem – e, desse modo, encontramos aqui uma imagem que facilmente pode deslizar para a noção da liquidez, de um meio (vital, epistemológico) no qual a antiga firmeza da terra é substituída pela fluidez da água – argumento que se poderia usar para propor um imaginário aquático ou "oceânico" perpassando o pensamento de Flusser.

Numa expressão de ironia curiosamente próxima do termo usado por Friedrich Kittler alguns anos depois, o filósofo tcheco afirma que o "assim chamado eu" (*das sogennante 'Ich'*) não constitui mais nenhuma unidade definível. Do mesmo modo que o "assim chamado homem" (*der sogennante Mensch*), de Kittler (1986, p. 3), o "eu" flusseriano encontra-se dissolvido em teias de relações tecnologicamente mediadas, mas diferentemente deste último, ainda se sustenta expressivamente nos substratos mentais formadores da vasta rede intersubjetiva (*intersubjektive Vernetzung*) que caracteriza a sociedade telemática. Se para Kittler são os meios que poderosamente "determinam nossa situação" (*Ibid.*), para Flusser são ainda consciências potencializadas tecnologicamente que deverão definir os rumos da história. E é dessa forma – mais uma vez simultaneamente próximo e distante do universo maquínico kittleriano –, que Flusser sugere a formação de uma nova "antropologia pós-humanista, pós-

-moderna" (1998b, p. 18). No novo mundo que começa a se formar a partir da situação "telemático-digital":

> [...] quem não almeja sonhar, mas, sim, manter-se com ambos os pés no chão firme (quem não tem vontade de se projetar) é compelido, nos dias de hoje, a não perceber numerosas tendências observáveis ou minimizá-las (1998b, p. 59-60).

Em outras palavras, o saber, a teoria, passam a constituir-se com o suporte da fantasia e do sonho. Trata-se, então, de projetar (*entwerfen*) mundos possíveis para o futuro. Pois a própria realidade, sustenta Flusser, começa a apresentar-se como fantasia. Nesse contexto, é o homem sem solo firme (*Bodenlos*), diríamos ainda, o homem aquático, que irá encontrar novos caminhos existenciais. Um homem liberto dos limites da "cápsula do Eu", cuja identidade e corpo serão sempre instáveis e moventes. Essa proposta nos leva de volta a *Natural:Mente*, mais precisamente à passagem na qual Flusser alinha os animais aéreos e aquáticos, confrontando-os com o "animal terrestre". Isso porque o animal terrestre, "e mais particularmente o homem, são inteiramente privados da abertura em direção ao espaço aberto" – diferentemente daquilo que podem os seres do ar e da água. Enquanto para o homem "o espaço é um oceano que banha a ilha plana que habitam", tanto a ave como o peixe são habitantes do "oceano-espaço" (2011b, p.34). Não deveria, então, o homem do futuro ser mais ave, mais marítimo, de modo a movimentar-se livremente não nos planos, mas num espaço verdadeiramente tridimensional? E, de fato, em

Vom Subjekt zum Projekt Flusser se pergunta se não seria interessante a esse homem futuro experimentar outros corpos, outros meios, a partir dos quais o pensamento se daria de modo inteiramente novo e diverso. Por que não trocarmos, por exemplo, nosso cérebro semi-esférico pelos cérebros inteiramente esféricos dos cefalópodes? (1998b, p. 100). Não existe razão, concreta, afirma ele, para permanecermos limitados àquilo que a genética natural nos concedeu, dado que logo poderemos transformar nossos próprios corpos em obras de arte vivas. Esse é o sentido último e mais material de converter-se de sujeito em projeto.

Por certo, a utopia espitemo-genetico-tecnológica de Flusser é tão sedutora e fascinante quanto pode ser perigosa se desacompanhada de determinadas perspectivas críticas. Questões de gênero, raça ou desigualdade social apenas ocasionalmente pontuam as reflexões flusserianas. Podem elas simplesmente desaparecer no pano de fundo de uma fantasia tecnológica sobre a liberação do homem das amarras do corpo e da identidade? Se Flusser possui o imenso mérito de desenvolver uma epistemologia do meio aquático, liberta dos condicionantes do solo e do viés terrestre, por outro lado, como argumenta Melody Jue, sua descrição da "lula-vampiro do inferno", personagem de uma de suas mais célebres "ficções filosóficas", adota uma perspectiva decididamente "sexualizada" e masculina. Vampyroteuthis Infernalis, essa entidade que ao mesmo tempo representa perigos e potências libertárias de uma humanidade futura, seria também uma figuração do gesto fotográfico em sua formulação crítica mais tradicional, conectando a câmera com uma "lógica masculina, penetrativa" (2014, p. 92). Isso porque, segundo Jue, Flusser não consegue levar sua proposição de uma epistemologia aquática ao termo necessário, dado que imagina as mídias ainda em termos "secos", em vez de representá-los segundo a lógica fluida e movente do aquático. Se *Vampyroteuthis* é uma "ficção especulativa que toma em sério as condições do oceano como um ponto de início novo e cognitivamente marginalizado para a filosofia" (*Ibid.*, p. 93), e merece nossa admiração por isso, ele não chega, porém, a alcançar uma "materialidade mais radical da água" (*Ibid.*, p. 100), caracterizada por sua errância fundamental. Flusser se foca em uma teoria midiática terrestre da inscrição como atividade controlada.

Passando igualmente pela problemática da sexualidade, ao notar que o *Vampyroteuthis* de Flusser não deixa espaço para gêneros fluidos, mas funda-se em uma "fisicalidade heterossexual" (Iveson, 2014, p. 395), Richard Iveson elabora uma crítica ainda mais profunda. Para ele, Flusser não logra ultrapassar os limites do antropocentrismo tradicional, mantendo-se num círculo vicioso que pretende descontruir o humano, ao mesmo tempo que continuamente retorna a ele. Se é tarefa relativamente cômoda encontrar as fraquezas de Flusser, morto em 1991, a partir de um ponto de vista contemporâneo e informado pelas mais recentes teorias de gênero e do pós-humanismo, nem por isso tais críticas são menos válidas. Podemos, claro, sempre nos ocupar com tentativas de redimir o pensador de seus pecados epistemológicos, derivando muitos de seus pontos de vista do ambiente cultural no qual esteve mergulhado até sua morte, no início dos anos 1990. Flusser foi testemunha importante e partícipe de um momento muito particular do desenvolvimento da cultura digital, no qual era tremendamente difícil escapar do entusiasmo ingênuo e utópico com o desenvolvimento das tecnologias digitais. Seguindo caminho inteiramente diverso, porém, e por meio de uma argumentação com a qual tendo a concordar, Katherine Hayles vindica o *Vampyroteuthis Infernalis* como interessante instrumento epistemológico para uma nova ontologia não antropocêntrica dirigida aos objetos (*object oriented ontology*). Ainda que Flusser tenda, de fato, a frequentemente tomar Vampyroteuthis como um "outro" romantizado do humano, ele alcança, em seu método especulativo e ficcional, certas proposições que de outro modo não seriam perceptíveis. Como vimos em capítulo anterior, para Hayles, trata-se, em Flusser, de um paradoxo forte e produtivo. Paradoxo porque é a imaginação humana que nos ajuda a abandonar a ilusão de sermos criaturas especiais (e, portanto, de algum modo, separados do mundo e dos outros seres). Ou seja, a habilidade de imaginativamente nos projetarmos nas experiências de mundo de outras entidades é um remédio do qual necessitamos para combater o narcisismo que é uma de marcas distintiva de nossa espécie.

Todavia, não tenho interesse aqui em fazer uma apologia de Flusser em abstrato, mas sim de sugerir modos de leitura de sua obra capazes de concretamente gerar resultados para nossa situação epistêmica e cultural particular. Na verdade, são talvez as fraquezas do filósofo, suas diversas contradições e seus pontos cegos que o tornem interessante e ainda atual para o contexto histórico particular em que nos encontramos. Não parecer ser mera coincidência que sua obra, e em especial *Vampyroteuthis Infernalis*, venha desfrutando de renovado favor entre trabalhos acadêmicos que, nos últimos anos, se situam nas intercessões entre filosofia, estudos culturais e o tema do pós-humanismo (por exemplo, Peters, 2015; Thacker, 2015; Maoilearca, 2015). Essa recente "redescoberta" de um autor que permaneceu vários anos na sombra, se dá precisamente num momento histórico de especial interesse por questões ligadas a temas como os "novos materialismos", o Realismo Especulativo e o pós-humanismo. As paradoxais e incômodas conjunções flusserianas entre humanismo e pós-humanismo, ciência e ficção, imaginação e método podem, de fato, oferecer interessantes alternativas para se pensar problemas como o da identidade no complexo contexto da cultura digital.

Ainda que não inteiramente concretizada em sua obra, por exemplo, a proposição flusseriana de uma epistemologia do meio líquido abre caminhos para formas de reflexão mais fluidas, mais abertas e talvez mais adequadas a lidar com a dialética entre materialidade e imaterialidade que atravessa nossa época. Mas em que consistiria uma tal epistemologia? Ora, se como argumenta Jue, sempre existiu um "viés terrestre da filosofia e da teoria crítica" (2014, p. 85), Flusser abre-nos a possibilidade de imaginar espaços epistêmicos alienígenas, fluidos, nos quais a teoria se deixa fertilizar pela imaginação, criando as condições para uma filosofia e uma teoria nas quais a instabilidade se mostra como força criadora.

Com isso, em certo sentido, retorna a potências originais da empresa filosófica que, como sugere Gunter Scholtz, nasceu precisamente de nossa relação com o oceano. O berço da filosofia foi o mar, e "seu princípio fundamental foi a água" (2016, p. 13). Se o oceano parece a Platão como lugar da "impureza e do conhecimento turvo" (*Ibid.*, p. 36), isso se dá precisamente porque aqui já passamos do horizonte mítico e poético dos pré-socráticos ao identitarismo lógico e racional que irá marcar a filosofia posterior. Com Aristóteles e o princípio do terceiro excluído, a identidade torna-se ainda mais pétrea, representando um limite ontológico que não pode ser ultrapassado. No mar, por outro lado, todo limite é provisório, toda marca é instável, toda definição é movente. Na reflexão de Thierry Hentsch sobre uma outra ética possível para o Ocidente, o mar é figura essencial. Ele constitui, na verdade, aquilo que nos lembra da necessidade das fronteiras, ao mesmo tempo que sugere a fluidez de todo limite: "O mar estará sempre aí e jamais no mesmo lugar. Fiel e inconstante, semelhante e diferente, ele agita em mim o outro e o mesmo sem, contudo, confundi-los. Nele, o limite respira" (2015, p. 24). A epistemologia líquida de Flusser, fascinado desde longa data com o oceano e as criaturas marinhas, pode, assim, ser alinhada com uma nova ética da identidade. Uma ética fundada na figura mítica do oceano, e que se estende, inclusive, à problemática da identidade atravessada por traumas coloniais, em um imaginário africano que, segundo Françoise Vergès, identifica os mares como local de "medo, morte, perda de identidade" (2001, p. 146) – dado que a viagem marítima se manifesta em conexão com o terror da escravatura. Para Vergès, porém, trata-se de substituir a centralidade de um oceano por outro, de desafiar a centralidade do Atlântico na história africana e pensar o Indico como território de criolização. Esse oceano que aparece como espaço onde "identidades locais e regionais estão em fluxo" (*Ibid.*, p. 147).

Desse modo, é curioso observar, de fato, como as imagens líquidas recentemente passaram a pontuar não somente o tema da identidade, mas todo o discurso sobre a transição cultural do moderno para o contemporâneo. É essa imagem, por exemplo, que marca significativa parte da popular obra de Zygmunt Bauman, cuja tese central consiste na dissolução das certezas e seguranças que marcaram a experiência moderna. Enquanto a modernidade parecia fundar o social em solo firme, com crença relativamente sólida nas instituições e nos futuros possíveis, nos novos tempos líquidos são a insegurança e o medo que moldam a experiência existencial. O líquido representa assim, a perda de um fundamento, uma situação em que as formas sociais já não podem mais manter suas estruturas, "porque elas se decompõem e derretem mais rapidamente que o tempo usado em as moldar" (2008, p. 1). Diante de tal situação, o indivíduo se sente progressivamente inseguro, e, mais que nunca, necessitado de continuamente produzir significado e identidade num ambiente caracterizado por espaços de fluxo (*Ibid.*, p. 84). Com efeito, a associação estabelecida por Bauman da sociedade em rede ("telemática", para Flusser) com a imagem dos fluidos apenas segue uma tendência muito mais geral, que Thomas Sutherland identifica como "ontologias" ou "metafísicas do fluxo", e que pode ser encontrada em diversos outros pensadores no campo da teoria social, de De Landa a Negri e Shaviro (2013). Sutherland elabora, entretanto, uma mordaz crítica dessa tendência, culpada, segundo ele, de obscurecer o importante papel da estase nos fenômenos socioculturais da contemporaneidade. Ao repetir obsessivamente o tropo dos fluxos, os teóricos incorreriam em uma metafísica incapaz de capturar a materialidade singular de certas dimensões da vida social. Todavia, nenhuma das críticas de Sutherland invalida a tese de que o imaginário contemporâneo trai certa obsessão com as figuras líquidas. Pelo contrário, elas na verdade a reforçam. E se um imaginário é poderoso o bastante para penetrar tão largamente o terreno da epistemologia e das apreensões teóricas, já não seria suficiente simplesmente fazer-lhe a crítica. Para além disso, é necessário descobrir que potências positivas tais imagens podem nos trazer; é fundamental recolonizar esse imaginário, extirpando das imagens de fluxo os vetores de pânico social e de incerteza radical que as assombram. O que se apresenta a nós é, portanto, uma tarefa teórica e prática: verificar em que sentido tais imagens podem nos ajudar a construir um futuro atravessado não por medos e ansiedades, mas sim por potenciais criativos e forças não reativas.

Essa é uma tarefa que poderia ser qualificada, efetivamente, como flusseriana. Afinal, em *Vom Subjekt zum Projekt* (assim como em diversos outros momentos de sua obra), Flusser enxerga a teoria e o pensamento não apenas como valiosos instrumentos de avaliação e predição, mas como ferramentas de constituição de mundos, como mecanismos de projetar e imaginar futuros possíveis. Como ele expressa com clareza na obra citada, "na reflexão sobre projetos possivelmente realizáveis (*möglich gewordener Entwürfe*), lidamos já com um projeto, com a tentativa de computar possibilidades, de modo a trazê-las para mais perto de uma concretização" (1998b, p. 42). Encontramos aí uma ética do pensamento, que lhe exige tornar-se continuamente real, um envolvimento da ciência, que deixa de ser observadora desinteressada do mundo para comprometer-se com o destino dos homens. Essa ciência humana parte sempre da abstração para a concretude[60], de sonhos dispersos para agregados imaginários que tendem a materializar-se. Trata-se de uma reversão da utopia platônica, ou seja, de encarar a teoria "não mais como descoberta da verdade, mas como projeção de sentidos" (Flusser, 1998b, p. 57). Essa é, essencialmente, a tarefa do homem sem solo, do pensador em estado de *Bodenlosigkeit* (ausência de fundamento). A bem da verdade, segundo Flusser, essa é uma *Stimmung* (atmosfera) que caracteriza nossa época, e não há aí nada de necessariamente negativo. Viver sem solo é abrir-se às possibilidades projetivas e criadoras de um mundo em permanente construção. Em sua autobiografia filosófica, Flusser chega a sugerir que a própria vida do homem em estado de *Bodenlosigkeit* se

---

[60] E não o oposto, que, aliás, parece estar na base das críticas de Sutherland ao uso das metáforas líquidas pelos teóricos da sociedade: "a metafísica do fluxo abertamente abstrai as condições vividas de nossa existência (...), obscurece a materialidade situada e a substancialidade dos atores individuais (sejam humanos ou não humanos) dentro do mundo" (2013, p. 9).

torne laboratório para as experiências dos outros – um fazer teórico, portanto, radicalmente encarnado. Em sua situação de permanente imigrante, entre línguas, terras e culturas, Flusser compõe o perfeito modelo do pensador sem chão, alguém que vive a experiência da *Bodenlosigkeit* com o máximo de intensidade (*sozusagen intensiver*) (1992, p. 11).

As proposições flusserianas permitem lançar também um olhar renovado para o tema do imaginário. Teorizar significa imaginar futuros possíveis, e na sociedade telemática, utopicamente liberada do trabalho, a imaginação é excitada pela relação do sujeito com as telas e sistemas informáticos. Tudo se torna projeto, e a imaterialidade das representações imaginárias se converte na "matéria" que irá tomar corpo em devires sonhados. Mais que uma faculdade adaptativa ou ligada às artes, a imaginação cumprirá o papel de concretizar os projetos da humanidade congregada em rede. Desse modo, a ideia da ficção como instrumento epistêmico atinge tal centralidade em Flusser que permite, de fato, falar em uma filosofia da ficção. Porém, é importante lembrar que o pensamento de Flusser se insere em uma tradição bem mais ampla, e cujas raízes podem ser traçadas ao menos às obras de Kant e de Hans Vaihinger, especialmente *Die Philosophie des als Ob* (1924). Se Kant já sugere que devemos sempre raciocinar como se certas proposições metafísicas fossem verdadeiras, a fim de obter da simulação certo ganho teórico, Vaihinger irá desenvolver toda uma filosofia do "ficcionalismo". Se imaginamos – como, aliás, fez Hegel (com o detalhe de que nele tal ficção é uma realidade palpável) – que toda a história da humanidade é dotada de uma finalidade e um desígnio, somos capazes de extrair dessa ficção útil um olhar teoricamente produtivo sobre a história; olhar que reúne seus fatos aparentemente aleatórios em uma coerência estruturante. Como em Flusser, Vaihinger considera uma ideia importante na medida de sua utilidade para a adaptação do homem ao mundo. Vaihinger se interessa, pois, pela ação concreta, por aquilo que podemos extrair de uma ideia em tal ou tal contexto, pragmaticamente. O método ficcionalista, ou "método dos erros compensados", como o definia também Vaihinger no âmbito da matemática, consiste em partir de ficções, de experimentos mentais, para, aos poucos, ir corrigindo-os no confronto com ficções ulteriores mais eficazes. No fim das contas – e este e um ponto central – não se trata de encarar a ciência como busca de uma "verdade" ou conhecimento desinteressado, mas "sim" verificar como pode contribuir para a conservação de si e a adaptação do homem ao seu meio. Nessa ótica, "o erro e a ilusão podem possuir um valor superior à verdade" (Bouriau, 2013, p. 82).

Que as ilusões sejam dispositivos necessários e salutares ao espírito já havia sido sugerido anteriormente por Nietzsche. Vaihinger, por sua, vez define como "objetiva" toda ideia que permite pôr os espíritos em acordo, ou seja, sua universalização. Esse "fazer como se" (*als ob*) nos ajuda a entender experiências de natureza paradoxal, como aquelas derivadas das esferas estética ou religiosa. Quando falamos em "sujeito", em "alma" ou "substância", por exemplo, estamos lançando mão de ficções úteis que nos auxiliam no tratamento unificado de certos aglomerados mentais. Dessa forma, inclusive, a metafísica "não deve ter vergonha de reconhecer sua dimensão poética, não metafísica" (Bouriau, 2013, p. 54). Em Flusser, a própria ciência deve buscar na ficção e nos experimentos mentais ferramentas para explorar mais eficientemente (e mais humanamente) a realidade. O filósofo tcheco não vê sentido em uma ciência que não tenha caráter humano, ou seja, que não possua certa dimensão pragmática.

Face a esse decido elogio flusseriano dos poderes da ficção – que, encontra, talvez, sua expressão mais acabada em *Vampyroteuthis Infernalis* (mescla de fantasia e relato científico) –, seria interessante assinalar o crescente interesse pela ficção e pela ideia de especulação como ferramentas úteis em campos como a filosofia, a antropologia e a arte nos últimos anos. Não haverá espaço para desenvolver esse tema aqui, mas que baste, por hora, citar, no domínio filosófico, a obra de Peter Szendy, *Kant chez les extraterrestres* (2011), e os volumes recentes *Futures and Fictions* (2017) e *Fiction as Method* (2017), respectivamente nos domínios dos estudos culturais e das artes. Enquanto Szendy elabora a noção (altamente flusseriana, poder-se-ia dizer) de "filosoficção" como termo que destaca a importância vital das ficções na história da filosofia, Jon Shaw e Theo Evison afirmam que todas as instituições, especialmente em nossos tempos, são sustentadas essencialmente por ficções (2017, p. 14). De instrumento metódico da fenomenologia – não surpreende que Husserl seja uma das presenças mais constantes nas reflexões de Flusser e que a fenomenologia seja seu método de escolha – a fundamento da discursividade filosófica em Derrida

(Cf. Szendy, 2011, p. 66), a ficção aparece, assim, como uma categoria que, junto ao imaginário, demanda renovado respeito da ciência e da razão enquanto ferramenta epistemológica.

Sem dúvida, para retornar ao tema central deste capítulo, a problemática da ficção adquire contornos importantes também no horizonte da identidade. *Vampyroteuthis Infernalis* é, entre várias outras coisas, uma reflexão sobre o significado de ser humano face ao mundo e aos outros entes que o povoam. É também uma expressão da obsessão flusseriana com o tema da diferença (animal) e do alienígena. *Vampyroteuthis* é fábula da possibilidade de relação com uma alteridade radical, posição que pode ser ocupada por uma gigantesca variedade de entes. Para usar a linguagem, tão incrivelmente próxima, de Peter Szendy, é uma fantasia do encontro com o "totalmente outro" (*tout autre*), esse termo misterioso, "cuja alteridade radical não é localizável em um fora circunscrito" e do qual necessitamos para nos definir a nós mesmos (2011, p. 56). Ele é o termo das ficções "cosmopolíticas" a partir do qual nossa especificidade se constituiu filosoficamente. Ao tomar o lugar ficcional desse outro, da lula-vampiro do inferno, exercitamos a possibilidade de imaginar outros eus, outros futuros, outras condições existenciais. Assim como Thomas Nagel perguntou, filosoficamente, "*what is it like to be a bat*", Flusser questiona o que significa ser um octópode das profundezas: quais seriam suas preocupações, como se constituiria sua visão de mundo, como elaboraria sua "cultura" e sua "arte". Esse movimento de identificação com o outro se funda radicalmente na ficção.

Como esclarece Fritz Breithaupt em *Die dunklen Seiten der Empathie*, a empatia tem como um de seus importantes pontos de partida a ficção. Ela é um "Mit-erleben" (viver com), que depende de imaginar o ponto de vista alheio (Standpunkt) – termo bastante caro a Flusser –, transportando-se ao "lugar" do outro. Tal "transporte começa com um fazer sombra (*mitlaufen*) mental [do outro], como quando se vê um filme ou se lê um romance" (2017, p. 16). Quando nos visualizamos nesse lugar do outro, ainda que nos seja impossível entender o que se passa, em seu interior, face a uma determinada situação, conseguimos perceber aspectos seus que são inacessíveis ao outro – e isso, precisamente, por estarmos "fora" dessa situação. Reduzimo-la a certos traços fundamentais, tornando sua compreensão mais simples e estruturada, ao passo que o outro, existencialmente implicado na situação, se vê sujeito a uma complexa e simultânea torrente de sentimentos, percepções e ideias. Em outras palavras, "tem-se empatia porque se pode estetizar a situação do outro e, com isso, clarifica-la" (Breithaupt, 2017, p. 17, grifos meus). Não é exatamente o que faz Flusser em suas ficções filosóficas, ao convocar os poderes da ficção, da poesia e do experimento mental para nos desbravar novos *loci* existenciais, novas identidades possíveis?

Sua sugestão de um futuro "vampirotêutico" para a humanidade tecnologizada, com tudo que implica de perigos e possibilidades, funda-se em um conceito de identidade que, mesmo assentado na materialidade do mundo (e daí a importância de conjugar filtros contemporâneos, feministas, pós-coloniais e de outras matrizes, às ideias flusserianas), jamais toma a identidade como um dado, mas como um a fazer. E em lugar de segmentar o humano em múltiplos vasos incomunicantes, Flusser sugere que o caminho adequado é sempre o do diálogo, da relação fundamental com o tu que me ensina e me define. Nesse sentido, a "epistemologia pendular" (*pendelnde Epistemologie*) que o pensador nos incita a acolher constitui um desafio digno do contemporâneo (1998b, p. 263): aprender a saltar de ponto de vista a ponto de vista em ficções perspectivistas capazes de dissolver nossas cápsulas identitárias e, anti-antropocentricamente, ajudar-nos a projetar outros futuros possíveis.

VIII. Um pensamento líquido: Flusser e a multiplicidade fluida dos pontos de vista[61]

Em *The Arrival* (2016), filme dirigido pelo francês De-nis Villeneuve, a Terra é visitada por uma raça alienígena que aparentemente busca transmitir à raça humana uma mensagem de importância vital. A linguista Louise Banks (Amy Adams) é então convocada para auxiliar na decifra-ção da complexa linguagem dos extraterrestres, apelida-dos de "*heptapods*", já que se assemelham a polvos dotados de sete tentáculos. Aos poucos, Louise consegue penetrar nos segredos dos misteriosos ideogramas dos "*heptapods*", de uma complexidade assustadora para a mente humana. Ocorre que a linguagem dos extraterrestres expressa uma compreensão de tempo não linear, já que a espécie é capaz de enxergar passado, presente e futuro em uma espécie de simultaneidade total. Ao familiarizar-se com essa linguagem, Louise se dá conta de que sua forma de interagir com o mundo está sendo radicalmente afetada, de modo que sua consciência temporal começa também a

---

[61] Uma versão deste capítulo foi publicada como "Oceano digital: imaginário ma-rinho, tecnologia e identidade em Vilém Flusser", na revista *Galáxia*, n. 39, 2018.

operar no registro alienígena. Esse fenômeno seria, portanto, uma comprovação da célebre tese de Sapir-Whorf (citada pela linguista a certa altura), segundo a qual a língua que falamos condiciona a maneira como pensamos e vemos o mundo. De fato, ao ter sua mente (suas conexões neuronais?) radicalmente reestruturada pela linguagem alienígena, Louise é capaz de enxergar o futuro e, deste modo, salvar a Terra de um destino trágico.

O filme de Villeneuve toca em pelo menos três complexos de questões que são caros aos leitores e estudiosos do filósofo tcheco-brasileiro Vilém Flusser: 1. o problema dos códigos e sua tradução intercultural; 2. o tema do alienígena e do estranhamento com as figuras da alteridade e 3. o imaginário do oceano[62] e, mais particularmente, dos octópodes. Sabemos, como já demonstrou Rainer Guldin, que o problema da tradução atravessa toda a obra e pensamento de Vilém Flusser (2005). Não se trata apenas da questão da traduzibilidade linguística, mas do trânsito entre diferentes universos de referência. Flusser desenvolve continuamente a questão do como se movimentar entre diferentes culturas ou diferentes esferas culturais. Nesse sentido, até mesmo o trânsito entre as estruturas da razão e do imaginário consiste em um problema central para o pensador. Esse é, aliás, um problema persistente da ficção científica enquanto gênero. Ela existe em um intervalo entre a imaginação ficcional e as afirmações rigorosas da

---

[62] Vale assinalar que os alienígenas parecem se mover em uma espécie de meio (*medium*) gasoso-aquoso, e que os caracteres de sua escrita são produzidos aparentemente por "jatos de tinta" emanados de seus tentáculos.

ciência. Como traduzir um dado racional, científico para o domínio fluido e livre do imaginário, ou vice-versa? Ou, melhor ainda, como fazer para habitar as "zonas cinzentas", os entrelugares situados nos interstícios entre domínios da realidade, do pensamento ou da linguagem? Flusser nutria um interesse especial pela ficção científica. De fato, em um pequeno texto escrito em alemão e apresentado a um grupo informal em Viena (TV *Club Wien*), Flusser reflete sobre as relações entre esses dois campos – ciência e ficção –, defendendo a ideia de que muito da ciência contemporânea é de ordem tão ou mais imaginativa que a ficção[63]. É precisamente em uma "zona cinzenta" (*graue Zone*) singular em que esses domínios se encontram, algo expresso no aparentemente contraditório termo "ficção científica". Para o filósofo, porém, é certo que hoje não há contradição entre esses dois termos. O que seria da ciência, afinal, sem a presença de ficções, sem hipóteses, sem experimentos mentais? O que seria da filosofia, poderíamos também perguntar, sem o mito e a alegoria, que ocuparam nos diálogos platônicos lugar de destaque? Mas Flusser vai ainda mais longe, e sugere mesmo que "a totalidade do edifício da ciência (*wissenschaftliche Gebäude*) é uma ficção" (Flusser, s/data: p. 1). Desse modo, a ciência seria apenas um caso especial de ficção. Isso porque, de acordo com a argumentação encadeada no texto, nenhuma das proposições científicas pode almejar ser inteiramente verdadeira. Para Flusser,

---

[63] Texto disponível on-line em <http://www.flusserstudies.net/node/552>. Acesso em 09/02/2017.

o conhecimento é uma função do interesse – ou talvez, se nos for permitido estender a argumentação, uma função do grau de maravilhamento. Para ele, proposições dotadas de sentido (*sinnvolle*) só podem ser mais ou menos prováveis, nunca inteiramente verdadeiras ou falsas. A verdade é um horizonte jamais plenamente alcançável. A teoria do conhecimento que Flusser deseja professar é, desse modo, uma que peculiarmente se aproxima da verdade pelo seu oposto, o que podemos encontrar, segundo ele, na tradição talmúdica ou na escolástica. Poder-se-ia pensar, assim, uma "teoria do conhecimento, com certa capacidade imaginativa" (*Vorstellungskraft*) (Flusser, s/ data, p. 2), cuja estratégia consistiria em atravessar por inteiro o ficcional, para ali encontrar o não ficcional. É isso, na verdade, que se deveria esperar da ficção científica: a produção de conhecimento via uma redução ao absurdo operando por meio da ficção.

Não é exatamente isso que sugerem, em certo sentido, as extraordinárias "ficções filosóficas" que Flusser empreendeu em muitos de seus textos? Pensemos naquela que é talvez a mais célebre delas, a fábula do *Vampyroteuthis Infernalis*, cujo personagem central é precisamente um estranho octópde que se encontra nas antípodas do humano. Nesse curioso ensaio, misto de ficção e relato científico (que em alguns momentos lembra a impessoalidade dos relatos, "*Berichte*", de Kafka), Flusser lança mão da curiosa criatura como espécie de alegoria para refletir, a partir das antípodas do homem, sobre a condição humana e seus vínculos com a tecnologia. Na verdade, a curiosidade de Flusser com polvos, lulas e outras criaturas marinhas é mais antiga, e data pelo menos da elaboração de *História do Diabo*, publicado originalmente em 1965. Ao falar sobre a escala evolutiva dos seres, Flusser especula:

> Do ponto de vista dos pólipos gigantescos que habitam os abismos dos oceanos são os cefalópodes o gênero mais "desenvolvido". O rio da vida tem o propósito de produzir os cefalópodes, e todos os gêneros "posteriores" (posteriores do nosso ponto de vista humano) não passam de degenerações no sentido exato desse termo (2010, p. 68).

Nesta discreta passagem, Flusser lança mão da ideia de "ponto de vista" (*Standpunkt*) como instrumento de relativização da perspectiva que tradicionalmente confere ao humano lugar central numa hierarquia ontológica. Entretanto, trata-se aqui de um exercício imaginativo passageiro, pois, em passagens posteriores do texto, Flusser acaba por reafirmar a superioridade humana, meta final de toda a evolução. Há, possivelmente, porém, uma ponta de ironia nessa legitimação da supremacia humana (que é contestada claramente em vários outros momentos do pensamento do autor). Isso porque, segundo o autor, o critério último para determinar o domínio do homem como espécie é a luxúria. Somos o animal mais luxurioso de todos, e, portanto, o mais desenvolvido. Afinal, a reprodução da vida é a meta da existência, e nesse sentido nos encontraríamos no topo da escala evolutiva. Mas será mesmo? Em *Vampyroteuthis Inferalis*[64], Flusser assinala continuamente o caráter "admirável e vertiginoso" da vida sexual do octópode (2011a, p. 33). Citando Wilhelm Reich, ele sugere que os cefalópodes são criaturas que estão continuamente próximas da sexualidade e do "reino do amor na Terra" (2011a, p. 56). Mais que isso, porém, *Vampyroteuthis* opera em uma lógica diversa, já que, diferentemente de nós, "brinca da morte e reprime o amor" (*Ibid.*). Ainda assim, toda a existência de Vampyroteuthis, inclusive sua forma de perceber o mundo, é profundamente marcada pelo erotismo, insiste Flusser. Na "lula-vampiro do inferno" (tradução de seu nome científico em latim), encontramos um ser hipersexualizado, talvez o mais luxurioso de todos.

Esse longo fascínio de Flusser com os cefalópodes o torna, curiosamente, um autor extremamente atual. Em *Vampyroteuthis Infernalis*, o protagonista da fábula é pensado essencialmente como um alienígena, um estranhíssimo ser que faz lembrar a sugestão do autor expressa em outro texto não publicado, "Seres de um outro mundo" (*Wesen aus einer anderen Welt*). Ali, Flusser pergunta: por que razão deveríamos buscar alienígenas fora do nosso planeta quando há, aqui mesmo, tantas espécies "estranhas" ou "estrangeiras" (*fremden Art*) com as quais poderíamos tentar nos comunicar?

---

[64] Neste capítulo, farei uso de duas diferentes versões do texto, compostas pelo autor em português e alemão – e distinguidas nas referências pelos respectivos anos de publicação (2011a e 2002).

[...] Mas a esperança de uma conversação com seres hipotéticos de outro mundo é supostamente menos fantástica. Não será isso uma prova da insanidade da humanidade contemporânea? Presumamos que esses seres de fato existam; que algo que pudesse ser definido como "vida" no mais amplo sentido se desenrolasse sobre Vênus, Marte ou um satélite de Júpiter. Algo assim seria para nós naturalmente desproporcionalmente estrangeiro, como um polvo gigante (*Riesenpolyp*) ou mesmo um pinheiro. Entrar em conversação com algo assim seria muito mais difícil do que com uma ameba ou com o patógeno do Tifo (Apud Felinto & Santaella, 2012, p. 181)[65].

Sim, argumenta, Flusser: entrar em comunicação com um alienígena seria mais difícil que entabular uma conversação com uma outra espécie de nosso próprio planeta, já que compartilhamos da mesma história geológica e destino ontológico. O que nos faltaria para alcançar essas espécies seria, entre outras coisas, uma simpatia (*Sympathie*), a capacidade de assumir hipoteticamente o lugar do outro.

A ideia do octópode pensado como figura alienígena, em Flusser, é de uma ordem quase profética, dada a explosão recente do interesse científico pelos cefalópodes e o hoje recorrente tropo do caráter "extraterrestre" dessas criaturas. Em manchete de reportagem publicada em agosto de 2015, no *The Mirror*, lemos, por exemplo, que

---

[65] A tradução do ensaio é de minha autoria.

"o código genético do octópode é tão estranho que ele poderia ser alienígena, segundo cientistas"[66]. Em outra reportagem, publicado no mesmo ano no periódico *Metro*, encontramos chamada bastante parecida: "Octópodes 'são aliens', decidem cientistas após estudo de DNA"[67]. Isso porque eles possuem uma sequência genômica altamente complexa, com mais genes inclusive que os humanos. Essa complexidade parece se refletir em seu intrincado sistema nervoso e sua sofisticada inteligência. Desse modo, a escolha da forma cefalópode para representar os alienígenas no filme de Villeneuve não poderia ser mais acertada[68].

Mais curioso ainda é constatar que várias pesquisas recentes reforçam decisivamente a ideia, longamente explorada por Flusser, da riqueza e complexidade da vida sexual do Vampyroteuthis Infernalis. Diferentemente da maioria de seus outros parentes cefalópodes, que se acasalam somente no final de seus ciclos vitais, o Vampyroteuthis "consegue ficar assanhadinho (*get frisky*) com seus parceiros muitas e muitas vezes durante sua vida"[69].

---

[66] Disponível em <http://www.mirror.co.uk/news/technology-science/science/octopus-genetic-code-strange-could-6241463>. Acesso em 10/02/2017.

[67] Disponível em <http://metro.co.uk/2015/08/12/octopuses-are-aliens--scientists-decide-after-dna-study-5339123/>. Acesso em 10/02/2017.

[68] O "tropo" dos cefalópodes como alienígenas, bem como do diálogo com formas de inteligência não terrenas, pode ser encontrado também em trabalhos acadêmicos recentes, como no estudo de Peter Godfrey-Smith, *Other Minds: The Octopus, The Sea, and the Deep Origins of Consciouness*: "Se podemos fazer contato com cefalópodes como seres sencientes, não é porque compartilhamos uma história, não é por causa de parentesco, mas porque a evolução elaborou mentes duas vezes. Isso é provavelmente o mais perto que conseguiremos chegar de encontrar um alienígena inteligente" (2016, p. 9).

[69] Disponível em <https://www.theregister.co.uk/2015/04/21/vampire_squid_

Ao lermos reportagens desse tipo, temos a impressão de que a ciência penetrou nos territórios da fantasia e da ficção científica. Ciência e fantasia revelam-se, aqui, irmãs. Para o documentarista francês Jean Painlevé (1902-1989), isso provavelmente não seria surpresa alguma. Fascinado pela vida marinha e fortemente influenciado pelo movimento surrealista, Painlevé produziu documentários de ciência natural marcados por uma beleza espectral e por um sentido de maravilhamento caracteristicamente barroco. Em *Amours de la Pieuvre* (1965), por exemplo, Painlevé filma um casal de octópodes engajados em um ato sexual que dura horas e, mesmo, dias. Como definiu Ralph Rugoff, a estética dos trabalhos de Painlevé inspira "desconforto e maravilhamento" em proporções idênticas. Em seus filmes, é precisamente nosso "familiar conceito do humano que pode subitamente parecer alienígena ou mesmo suspeito, deixando-nos com um assombroso sentido de nossa própria estranheza" (2000, p. 50). Nada mais apropriado, pois, que o título dado pela Criterion à sua edição em DVD dos documentários de Painlevé: *Science is Fiction* (uma expressão do próprio Painlevé). Como escreveu Brigitte Berg, para Painlevé, "a ciência não poderia ser dissociada de valores humanos" (2000, p.5). Nesse aspecto, Flusser e o documentarista francês certamente se aproximam, já que, de acordo com o primeiro, o Iluminismo levou suas pretensões longe demais, para muito além do humano. Não só a ciência precisa ser

---

reproduction/>. Acesso em 10/02/2017.

humana, senão que também é necessário pensar um novo humanismo adequado aos nossos tempos. Um humanismo capaz de atuar contra o "barbarismo técnico" manifestado na forma de um racionalismo extremo (Flusser, 2002a, p. 164). Flusser e Painlevé encenam, desse modo, uma sensibilidade tipicamente barroca – ou melhor, neobarroca, que é marca da experiência contemporânea, especialmente no ambiente das tecnologias digitais (Cf. Calabrese, 1999; Munster, 2006).

Na verdade, o otimismo de Flusser quanto à realização dessas propostas se ancorava na emergência das novas tecnologias digitais. Para o pensador, a sociedade "telemática" trazia a promessa de novas ciências, novos imaginários e novas potências da criatividade. Não apenas as categorias da realidade e da ficção, senão também do tempo e do espaço, seriam reformuladas "por meio dos modelos de computação". Com isso, a "filosofia dos meios se torna uma 'teoria da tradução', uma reflexão e encenação dos processos de transformação das formas de escrita lineares em formas reticulares (*netzartige*)" (Gropp, 2006, pp. 257 - 258). Através de toda sua obra, portanto, mas mais especificamente no *Vampyroteuthis Infernalis*, Flusser buscou elaborar uma nova filosofia do humano capaz de realizar a difícil tarefa de combinar certos valores humanistas com perspectivas que hoje definiríamos como "pós-humanas". Nesse sentido, o livro mais experimental de Flusser pode ser encarado como um pequeno tratado sobre a constituição de uma nova humanidade irremediavelmente alterada pelas condições tecnológicas da era computacional. Sua ficção filosófica seria uma forma de escrita situada entre ciência e arte que "ao mesmo tempo descreve, reflete e demonstra a fenomenalidade dos meios". A filosofia se transforma em "fenomenologia fantástica e, como tal, em teoria estética" (Gropp, 2006, p. 275).

Entre as diversas problemáticas de que trata o ensaio de Flusser, destaca-se o tema da identidade – um tema que, aliás, foi explorado intensamente pela ficção científica (Cf. Bukatman, 1993). Vampyroteuthis é uma cornucópia de possibilidades identitárias, de escolhas que a humanidade da era cibernética pode empreender. Quando o filósofo fala sobre o abandono da "cápsula do eu", refere-se à fragmentação da fixidez que teria marcado o advento das construções identitárias até fins da modernidade. Abalado e explodido pelas telas, pela existência virtual, pelas modificações tecnológicas do corpo e da mente, o sujeito da sociedade telemática se encontra em uma encruzilhada fundamental. Face a essa situação, nunca antes a relação com o outro (agora estruturada em forma reticular) constituiu um problema tão cogente. *Vampyrotuethis Infernalis* é um exercício no perspectivismo, na construção de pontos de vista e de posições subjetivas. Não estamos, aqui, muito longe do perspectivismo ameríndio de Eduardo Viveiros de Castro, que envolve uma "multiplicidade perspectiva intrínseca ao real" (2015, p. 17), na qual "se nem todos os existentes são pessoas de facto, o ponto fundamental está em que nada impede (*de jure*) que qualquer espécie ou modo de ser o seja" (2015, p. 21). Trata-se, acima de tudo, da "possibilidade de ocupar um ponto de vista" (*Ibid.*) – uma ideia que poderíamos definir, de fato, como profundamente flusseriana. Adotar um ponto de vista significa tomar uma posição, ocupar um lugar. Na era pós-fotográfica, pós-ideológica, não existiria mais um ponto de vista fundante, um lastro definido no qual uma verdade única poderia se ancorar. Defrontamo-nos agora com uma multiplicidade de pontos de vista, uma infindável gama de possibilidades, que torna o jogo identitário e ideológico complexo e interessante.

> Toda vez que o fotógrafo esbarra contra um limite de determinada categoria fotográfica, hesita, porque está descobrindo que há outros pontos de vista disponíveis no programa. Está descobrindo a equivalência de todos os pontos de vista programados, em relação à cena a ser produzida. É a descoberta do fato de que toda situação está cercada de numerosos pontos de vista equivalentes. E que todos esses pontos de vista são acessíveis. (Flusser, 2002b, p.33, grifos meus).

Se a ficção filosófica é um exercício imaginativo no qual se torna possível assumir outros pontos de vista, tomar o lugar de outros seres (inclusive não humanos), faz todo o sentido que o pequeno ensaio filosófico de Peter Szendy, *Kant chez les Extraterrestres*, funde sua reflexão sobre o problema do ponto de vista em um conceito denominado de "filosoficção". A coincidência com Flusser é surpreendente. Para Szendy, a obsessão de Kant com as figuras dos extraterrestres em sua antropologia filosófica constitui, por exemplo, um mecanismo "filosofictivo" visando pensar a singularidade da condição humana. O que o estudo de Szendy se propõe fazer, portanto, é "extrair a necessidade de um certo por que não?, de uma dimensão 'filosofictiva' à qual a filosofia não pode escapar, à qual ela deve se expor sempre que queira julgar e pensar o julgamento. Ou melhor, tão logo ela é confrontada com um ponto de vista" (2011, p.71, grifos do autor). É o que, como foi visto anteriormente, Szendy define como a "filosoficção do inteiramente outro" (*philosophiction du tout-autre*), um confronto com a experiência radical da alteridade, da entidade alienígena, através do qual ensaiamos o estabelecimento de nossa própria identidade.

Desse modo, talvez se pudesse afirmar que Vampyroteuthis Infernalis representa o mais perfeito "alienígena" imaginável – um extraterrestre em nossa própria terra; o espelho da alteridade radical no qual nos enxergamos. Além disso, os oceanos nos quais habita a criatura sempre constituíram um reservatório de mitos e lendas fundamentais para nosso imaginário. Filosofia e poesia encontram, assim, morada nos oceanos. Vampyroteuthis habita nas profundezas abissais. É uma criatura das trevas, é uma entidade que sempre se subtrai a nossas tentativas de aprisioná-lo. Como afirma Flusser, ele escapa continuamente tanto das nossas redes de pesca como de nossas redes epistemológicas (2011a, p. 23). Essa permanente condição de estranheza, de distanciamento, é um dos elementos que nos seduz no Vampyroteuthis. Ele é o outro, o inteiramente outro – e, dessa forma, paradoxalmente, próximo de nós. Se continuamos a tecer a rede de analogias com que este texto se inicia, é relevante lembrar que *The Arrival* trata, fundamentalmente, do problema da comunicação e da traduzibilidade. Os extraterrestres chegam em um planeta dividido por linguagens e ideologias. É precisamente a sua linguagem alienígena, estranha, exótica, inteiramente outra, que permitirá a essa humanidade à beira de uma guerra global superar o fosso babélico e alcançar a paz. O horizonte do imaginário bíblico não está distante, já que a maior dádiva concedida por Deus aos homens é a linguagem, e mesmo o mestre da criação usa da palavra para moldar o universo ("e Deus disse..."). E é no episódio babélico, mais tarde, que a dádiva da compreensão mútua será desintegrada pela multiplicação das línguas. Mas nossas linguagens são temporalmente limitadas, lineares, desenrolando-se sequencialmente no tempo. A língua dos octópodes alienígenas é simultaneidade, instantaneidade que transforma radicalmente a subjetividade de Louise. Em um movimento de empatia ideal, Louise se torna também "alienígena", empreende um encontro transformador com o outro e reconstrói radicalmente sua identidade. Mas tudo isso ao mesmo tempo em que, paradoxalmente, se descobre mais humana do que jamais fora antes. No interior dessa experiência, ela encontra uma nova dimensão de humanidade: seu apaixonamento e sua gravidez são os símbolos evidentes dessa humanização da solitária cientista. De certo modo, não seria o nascimento dessa criança o símbolo da nova raça humana transformada pelo contato com o inteiramente outro? A trama de *The Arrival* se organiza, portanto, nos polos do conflito entre as diferenças humanas e as diferenças extraterrestres. A "ferramenta" dos "*heptapods*" – termo que Louis irá adotar mais tarde para o que antes parecia ser a palavra "arma" no vocabulário alienígena – afastará a possibilidade iminente de uma guerra mundial.

As ideias de conflito e paz perpétua são também aspectos centrais do trabalho de Szendi acima mencionado. Na primeira parte de seu livro, o filósofo trata do tema da "cosmopolítica" a partir da obra de Carl Schmitt. A ciência política e jurídica de Schmitt se funda sobre a noção de apropriação da Terra. Não há movimento sem que exista um espaço livre, e a história da humanidade é a história da apropriação do espaço – o *nomos* da Terra. Mas se toda a Terra já foi em nossos dias apropriada e partilhada, para onde poderemos nos mover? Para os mares ou mesmo para o espaço sideral, imagina Schmitt. O mar é, diferentemente da terra, um elemento que não conhece unidade real entre espaço e direito, entre ordem e localização. E o mar é livre porque não permite deixar rastros (*Spuren*)[70]. Se as guerras são essencialmente disputas por espaços (territoriais ou ideológicos), contra quem iríamos guerrear se a humanidade considerasse a Terra como um espaço inteiriço e unificado? É assim que devemos entender a enigmática ideia que aparece tantas vezes na obra de Schmitt: "a humanidade, enquanto tal, não pode fazer guerra, pois ela não tem inimigo, ao menos sobre este planeta" (Szendy, 2011, p. 50). Nosso inimigo global teria de ser, portanto, o alienígena – como,

---

[70] Bernhard Siegert escreverá, em seu fascinante *Passage des Digitalen*, que "do espaço elemental do mar derivou o espaço elementar do digital e dos meios" (*Aus den Elementarraum des Meeres ist der Elementarraum des Digitalen und der Medien geworden*) (2003, p. 19)

aliás, a ficção científica imaginou tantas e tantas vezes. A possibilidade da política, para Schmitt, reside nessa relação entre amigo e inimigo – ou seja, numa estrutura relacional. O alienígena, esse amigo/inimigo do nosso imaginário midiático, se traduz, pois, em uma relação. Em *The Arrival*, são eles precisamente que evitam a guerra ao trazer o que inicialmente se supõe ser uma arma. Ironia suprema: eles nos oferecem um novo "espaço" para nos movimentarmos, o espaço de um tempo que, não sendo mais linear, nos permite ir em todas as "direções", andar para a frente e para trás sem impedimentos.

O mar, o tempo e o cosmos como fronteiras finais: espaços que não deixam rastros e não permitem a fixação identitária. Não por coincidência, Schmitt caracteriza o homem como ser terrestre (*Landwesen*), tendendo continuamente a desqualificar aqueles que estão próximos do mar. Isso porque "no mar aberto não existem limites, fronteiras, locais consagrados, orientações sacras, nem lei nem propriedade" (2006, p. 43). O mar é, assim, o local onde tudo é possível, e, por isso, talvez faça sentido ligar o fascínio marítimo à *Bodenlosigkeit* de Flusser, ou seja, sua filosofia da "falta de fundamento". Professando uma identidade maleável e sempre em movimento, o pensador se via como indivíduo permanentemente desterrado, vagando entre línguas e culturas sem nunca encontrar um porto seguro. Nesse estado, a distinção entre verdadeiro e falso soçobra por completo. Em certa medida, essa é, também a condição existencial de nossa era. Há homens, contudo, para os quais essa experiência é particularmente sensível. Essa é a própria ambiência (*Stimmung*) na qual habitam eles, seres que perderam todo o chão debaixo dos pés (*jeden Boden unter den Fußen verloren haben*) (1992, p. 11). A biografia de Flusser constitui, assim, um laboratório para a investigação do estado de *Bodenlosigkeit*. Os homens e as criaturas do mar são seres inevitavelmente marcados pela ausência de fundamento. É precisamente por isso que constituem, na filosofia política de Carl Schmitt, figuras suspeitas. Os terríveis *Fischmenschen* ("homens-peixe") são seres estranhos, perigosos, para os quais nossas (dos homens da terra) representações de espaço e de tempo seriam "estranhas e incompreensíveis (*fremd und unverständlich*)" (Schmitt, 2008, p. 10).

Nesse sentido, encontramos uma curiosa proximidade entre Schmitt e o escritor norte-americano H. P. Lovecraft, um autor "menor" de histórias fantásticas segundo o cânone literário tradicional. Pois Lovecraft frequentemente expressava seu racismo e seu temor da diferença por meio de figuras marinhas. Além, naturalmente, de sua célebre divindade cósmica "*Cthulhu*" – uma criatura antropomórfica da altura de vários quilômetros, com a cabeça de um polvo e asas de morcego, que dorme um sono secular nas profundezas do pacífico –, as histórias do escritor são pontilhadas por uma mitologia marítima na qual seres pisciformes e monstruosos octópodes ocupam lugar de destaque. Em *The Shadow over Innsmouth*, por exemplo, o horror da alteridade é representado em uma comunidade de homens-peixe, a cuja linhagem pertence o próprio protagonista e narrador da história. No final do relato, esse narrador, Robert Olmstead, descobre aterrorizado que ele próprio começa a apresentar os distintivos traços dos habitantes de Innsmouth. Híbrido de humano e criatura marinha, enlouquecido como consequência da progressiva transformação, ele passa a se sentir atraído pelas misteriosas profundezas do oceano: "Nós nadaremos para aquele recife que se estende sobre o mar e mergulharemos para os abismos negros da ciclópica Y'há-nthlei de muitas colunas. E, naquela morada dos profundos (*deep Ones*), viveremos em meio a glórias e prodígios para todo sempre" (2005, p. 157).

O híbrido, criatura das fronteiras ou da confusão das fronteiras, como o ciborgue de Haraway, perturba toda ordem taxonômica possível, destitui toda empresa identitária e todo gesto de fixação no espaço. De fato, como nota Eugene Thacker, nossas tentativas de sistematizar e ordenar cientificamente a natureza não contribuíram para que nos sentíssemos mais à vontade no mundo. Pelo contrário, fizeram apenas com que percebêssemos mais claramente que "somos nós os alienígenas" (2015, p. 74). Evocando a fábula flusseriana, Thacker nota que a maior intuição do filósofo foi perceber nossa incapacidade de apreciar ou nos relacionarmos com aquilo que é da ordem do inumano. O sentido de repulsa expresso numa curiosa passagem de *Vampyroteuthis Infernalis* é aproximado por Thacker de uma outra história de Lovacraft, Dagon, na qual se narra a odisseia de um náufrago aportando em uma misteriosa ilha perdida no meio do oceano. Coberta de podridão, com carcaças de peixes e outros seres marinhos espalhados por sua superfície, a ilha exala um sentimento de horror cósmico que atravessa toda a narrativa. Levado à beira da loucura por suas estranhas visões, o protagonista da história é marcado por uma "repulsa antropológica que não irá abandoná-lo, e a única coisa que o enoja mais que as criaturas em forma de polvo (*cephalopod-like creatures*) das profundezas é sua própria espécie, incapaz de compreender um mundo ao mesmo tempo alienígena e indiferente à perspectiva humana" (2015, p. 75).

Em muitos sentidos, o diálogo com o alienígena que Flusser encena em *Vampyroteuthis Infernalis* é um diálogo com aqueles aspectos ou restos não humanos que sobreviveram escondidos no interior do próprio homem. As tentativas de expulsar toda medida de animalidade do homem, de nos constituir a partir dessa diferença específica que separa o humano da natureza criaram uma ilusão de pureza que agora se desfaz no confronto com o tema do pós-humanismo. O que se faz necessário hoje é explorar essas dimensões não humanas, esses abismos nos quais se deve abandonar todo privilégio antropocêntrico e toda pretensão de hierarquia ontológica. No pensamento de Flusser, o mar funciona como um símbolo dessas dimensões, como *medium* epistemológico para o desenvolvimento de uma reflexão não mais condicionada pelo viés terrestre da filosofia e da teoria crítica (Jue, 2014, p. 85). Não é mera coincidência o fato de os discursos da cibercultura abusarem das metáforas marinhas. "Navegamos" em um "oceano de dados"; somos os "timoneiros" (é esse o sentido original de *kybernetes*) do futuro; vivemos em uma cultura "líquida"; os que copiam ilegalmente arquivos de dados na internet são "piratas" ... A essas metáforas, poderíamos acrescentar a divertida imagem flusseriana do polvo como *Weichtier*, como "criatura mole" que emblematiza o *"software"* (2002a, p. 63). Tais metáforas são de todo adequadas se considerarmos uma arqueologia profunda da cultura computacional. Para Bernhard Siegert, que traça arqueologicamente as origens do paradigma digital em técnicas de escrita (contabilidade, livros de registro) desenvolvidas desde o alvorecer da modernidade,

> [...] a figura do notário da embarcação (*Bordschreiber*), do representante do rei no mar que, em fundamento instável, marca posição solitária contra a desterritorialização do direito, da economia e do sujeito na profundeza sem solo (bodenlosen) do oceano, poderia constituir a figura emblemática do analítico (2003, p. 18).

Pois em Siegert, precisamente, a oposição entre os paradigmas analógico e digital, entre o analítico e aquilo que não permite análise, é traduzida na oposição entre terra firme e mar. Se o mar é o elemento típico de uma escrita sem pai e afastada do *logos*, o discurso vivente se finca, por outro lado, na terra. O *logos* é um homem terrestre (*ein Landmann*). Desse modo, o mar é o outro do *nomos* e da *polis*, bem como da lógica e gramática sobre elas assentadas. É por isso que a escrita não nasce na *polis* temerosa da água, mas nas "sociedades hidráulicas do Oriente" (2003, p. 56) – e nasce como forma matemática de registro e contabilidade[71]. Siegert aborda, pois, as

---

[71] Uma concepção baseada nos trabalhos da arqueóloga Denise Schmandt-
-Besserat com os antigos *tokens* sumérios. Cf. Schmandt-Besserat, 1996.

práticas de escrita (*Zeichenpraktiken*) que marcaram o desenvolvimento das ciências e da tecnologia no Ocidente. Não se trata aqui, evidentemente, do sentido linguístico do termo, mas de uma *graphé* (no modo derridiano) para além ou aquém da linguagem, fundada em listas, tabelas, coordenadas, sistemas de notação matemática. Lançando mão do conceito kittleriano de *Aufschreibesysteme* ("sistemas de notação")[72], Siegert identifica no fundamento de nossos saberes modernos uma prática de inscrição que irá sofrer ruptura fundamental a partir de meados do século XVIII. Essa ruptura é precisamente o que permitirá o surgimento dos meios técnicos, fundados em uma noção de irrepresentabilidade. Se antes a totalidade do mundo era representável em signos, numa continuidade inabalável do real, após a ruptura (*Riß*) ingressamos em um mundo não mais analisável, não mais totalizável. Agora entra em cena uma descontinuidade radical (expressa mais tarde, nos zeros e uns, nos *bits* e *bytes*, da cultura digital) que desterritorializa os domínios da análise. É nesse sentido que os textos platônicos são atravessados por uma profunda desconfiança da água e do mar; "pois a água é o *medium* das misturas; na água se encontram facilmente as oposições" (Siegert, 2003, p. 36).

Para Flusser, por sua vez, o homem encontra seu destino histórico-tecnológico na criatura das profundezas marinhas e nos abismos aquáticos em que habita. Assim escreve o pensador na versão alemã do texto: "Como ani-

---

[72] Cf. Kittler, 2003.

mais que ultrapassaram sua animalidade (ou pensam que devem ultrapassá-la), nós devemos nos engajar na busca da imortalidade através do outro, como faz o Vampyroteuthis" (2002a, p. 65). Esse engajamento significa a entrega radical ao universo das novas tecnologias eletrônicas, na complexa dialética entre materialidade e imaterialidade que caracteriza a experiência do universo digital. As tecnologias "vampyrotêuthicas" – suas emissões bioluminescentes e jatos de tinta –, nascidas nas profundezas do oceano, encontram seu paralelo em nossos aparatos tecnológicos. É certo que:

> [...] o mundo do qual emerge o Vampyroteuthis exige outras categorias ontológicas diferentes das nossas: aquelas da paixão da noite, não as da luminosidade do dia. Não é a razão desperta que o mundo vampiromórfico exige, mas o sonho (2002a, p. 42).

Entretanto, nem por isso devemos considerar uma distância radical entre nós, uma relação de incomunicação e desencontro do homem com Vampyroteuthis. Afinal,

> [...] como seres equivocados complexos e dotados de cérebros complexos, somos ambos ao mesmo tempo racionais e sonhadores. Mas nossos planos de consciência estão estruturados de forma invertida. O que para nós é consciência desperta, é para ele o inconsciente (*Ibid.*).

O homem da era digital se aproxima progressivamente do Vampyroteuthis. Seu oceano tecnológico, segundo crê Flusser, talvez com excessivo otimismo, será um *playground* onde o trabalho manual dará lugar aos jogos criativos com as tecnologias e à empresa da contínua criação de novos mundos virtuais. E escrever o futuro, para essa humanidade transformada, significará "escrever na água, mover-se na ausência do nomos" (Siegert, 2003, p. 36), ou seja, abandonar todo solo fixo para se aventurar em territórios não mapeados, no universo da novidade radical.

Em *The Arrival*, vale a pena lembrar, a escrita alienígena é produzida com jatos líquido-vaporosos emitidos pelos tentáculos alienígenas. Uma escrita que se dissolve logo após ser produzida, que não se inscreve em superfície firme e existe apenas em forma instável. Uma escrita, precisamente, que rompe a ordem do simbólico, que destrói a linearidade alfabética, que institui uma multiplicidade temporal perturbadora. E talvez encontremos, aqui, o maior equívoco do filme em termos flusserianos. Isso porque, na decifração desses signos múltiplos, Louise encontra os elementos para conseguir a unificação de uma humanidade fragmentada. Todavia, no imaginário marítimo-aquático de Flusser a questão não é a de uma unidade humana efetivada em moldes tipicamente hollywoodianos. Trata-se, ali, sempre e de novo, de um encontro com o outro, com a diferença, no qual nenhum dos elementos em relação é absorvido ou solucionado numa síntese. O que encontramos no autor de *Vampyroteuthis Infernalis* é uma espécie de técnica de confronto com o "inteiramente outro", um exercício imaginativo visando possibilitar a momentânea assunção desse lugar da alteridade, uma posição sempre movente e instável. Esse local é o oceano, real e simbólico, no qual, precisamente, se produz a experiência do filosofar. "A vivência (*Stimmung*) da filosofia repousa, antes de tudo, na relação com o mar" (Jaspers apud Scholtz, 2016, p. 181). Ali não nos é oferecido "nada de permanente, nenhum solo (*Boden*) – e, porém, ela não nos deixa afundar na ausência de fundamento (*Bodenlosen*), mas, sim, dá testemunho do fundamento de todas as coisas" (*Ibid.*). Sair do território da nossa familiaridade para investigar o mistério do outro é a tarefa mais bela da filosofia. E também, arrisquemos dizer, da comunicação.

IX. Entre natureza e cultura: o "pós-humanismo" de Flusser e Benjamin[73]

A história foi construída a partir de uma radical clivagem entre natureza e cultura. Seu tema são as aventuras e desventuras do homem como agente de transformação de um mundo silencioso e quase sempre passivo. A natureza e os outros seres que povoam o planeta não aparecem ali senão como coadjuvantes. De fato, ela oferece pouco mais que um belo pano de fundo sobre o qual se destacam as peripécias do ser humano e suas invenções culturais. Todavia, a exclusão desse vasto domínio da narrativa histórica parece nos oferecer um panorama bastante parcial e incompleto. Apenas raramente a geografia, o clima ou a geologia emergiram com algum protagonismo na novela da história. Foi necessário esperar muito tempo para que as "montanhas, animais e plantas" e mesmo as instituições sociais pudessem aparecer como verdadeiros agentes e "produtos de processos históricos específicos" (De Landa,

---

[73] Uma versão deste capítulo foi publicada como "Vejo Édipo em minha horta": Natureza e cultura em Flusser e Benjamin", na revista *Artefilosofia*, v. 14, n. 26, 2019.

1997, p. 11). Mesmo assim, ainda pode causar alguma estranheza ler a proposição de que animais e plantas não são corporificações de "essências eternas", mas sim "construções históricas", como sugere Manuel De Landa, ao incitar o leitor para a necessidade de uma mudança fundamental: "Nós devemos agora permitir que a física infiltre a história humana" (*Ibid.*, p. 15).

Entretanto, seria injusto afirmar que tais teses carecem por completo de antecedentes. Se a leitura de *Mil Anos de História Não Linear* (1997) parece excitante e perturbadora, é mais pelo talento de seu autor que por seu radical ineditismo. A proposta de ampliar o território da história a domínios não humanos não é, por certo, inteiramente nova. Em seu estudo sobre o Trabalho das Passagens (*Passagenwerk*), Susan Buck-Morss identifica um curioso processo de cruzamento de chaves (*crossing the switches*) no pensamento de Walter Benjamin entre as categorias de história e natureza (1991, p. 59). Nesse processo, em que a tradicional clivagem entre natureza e cultura parece vacilar, signos e ideias que se referem costumeiramente ao primeiro domínio são aplicados ao segundo e vice-versa, de modo que noções como progresso ou mesmo a construção da ideia de "novo" são postas em xeque. Exemplo de um argumento fundado nessa técnica é oferecido pela autora:

> Assim como existem locais nas rochas das eras do Mioceno ou Eoceno que trazem a impressão de monstruosas criaturas dessas épocas, as arcadas contemporâneas aparecem nas grandes cidades

como cavernas contendo os restos fósseis de um monstro desaparecido: o consumidor da era pré--imperial do capitalismo, o último dinossauro da Europa[74] (Benjamin, apud Buck-Morss, 1991, p. 65).

Benjamin dá prosseguimento a essa série de imagens naturais nas linhas seguintes, ao comparar as mercadorias vendidas nas arcadas com uma "flora imemorial" (*unvordenkliche Flora*) e um "tecido canceroso" (*Gewebe in Geschwüren*) (Benjamin, GS v.2, 1991, p. 670)[75]. O poder dessas imagens reside em destacar vivamente o caráter arcaico das formas de consumo expressas pelas arcadas, já naquele momento progressivamente substituídas pelas grandes lojas de departamentos. Nessa estratégia crítica singular, Benjamin parece realmente antecipar certas formulações teóricas mais recentes, como a radical reestruturação do par sociedade/natureza operada por Bruno Latour. Como explica Kyle McGee, "a teoria ator/rede segue a disjunção de natureza/sociedade (ou mononaturalismo/multiculturalismo, ou fato/valor) tão longe quanto possível, chegando mesmo ao ponto de sua indistinção" (2014, p. 44)[76].

---

[74] Talvez por um ato falho, talvez intencionalmente, Buck-Morss lê o termo "*Untier*" (monstro, besta) como "*ur-animal*" (ou seja, como *Urtier*, "animal primordial"). Nesse sentido, a tradução de Howard Eiland e Kevin McLaughlin parece mais fiel (1999: p. 540). De todo modo, o "equívoco" de modo algum invalida o argumento geral.

[75] Utilizo a abreviatura GS (Gesammelte Werke), referente à edição de bolso das obras completas pela Suhrkamp, seguida do tomo e número do volume.

[76] Sobre alguns pontos de convergência interessantes entre Latour e Benjamin,

Meu objetivo aqui, porém, é traçar certas linhas de convergência entre Benjamin e Flusser. Após vários anos de relativa obscuridade, Flusser tem sido evocado com surpreendente frequência por autores dos mais diferentes campos, da filosofia à teoria cultural (Cf. Maoilearca, 2015; Peters, 2015; Hayles, 2014). Esse renovado interesse pelo pensador deve-se, ao menos em parte, à grande quantidade de recentes traduções de suas obras para o inglês (pelo menos dez volumes, desde 2012). Entretanto, não se pode esquecer que Flusser tratara, já há várias décadas, de problemas e questões tornados particularmente pertinentes apenas no contexto dos anos 2000. Algumas dessas questões aparecem mesmo em momentos relativamente prematuros de seu pensamento. O fascínio por temas de cariz pós-humanista, por exemplo, pode ser encontrado de forma incipiente em sua série de textos intitulada *Bichos*, publicada na *Folha de São Paulo* nos anos 1970. Ali, Flusser já empreende certa desconstrução de hierarquias ontológicas ao afirmar que a escala evolutiva se altera a partir do ponto de vista particular de cada ser (Cf. Felinto & Santaella, 2012, p. 118). Os textos de Flusser são, portanto, pontilhados por plantas, animais e seres não humanos dos mais diversos tipos, frequentemente desempenhando a função de desestabilizar pontos de vista tradicionais e questionar as fronteiras entre natureza e cultura.

Esse mundo de seres estranhos, anjos, plantas e animais foi explorado tanto por Flusser como por Benja-

---

ver Felinto (2013).

min de forma provocante e inovadora. Se em Benjamin, por exemplo, a obsessão com a figura dos anjos pode expressar uma imagem bastante heterodoxa – a de um anjo canibal (*menschenfresserischer Engel*) e ladrão, que prefere libertar os homens subtraindo-lhes algo do que fazê-los felizes por meio da concessão de alguma dádiva (Benjamin, GS v. II-3, 1991, p. 1.106) –, em Flusser, o anjo é símbolo de uma liberdade que se manifesta no voo dos pássaros: "para nossos antepassados, o pássaro era elo entre animal e anjo". Na perspectiva flusseriana, o anjo é pássaro extraterreno, dado que seu interesse está localizado muito mais no espaço do que na terra. Mais que isso, o anjo é "ente que apreende, compreende, concebe e modifica" (2011b, pp. 31 - 32). O anjo de Flusser parece, assim, muito mais domesticado e inofensivo que o rilke-ano anjo de Benjamin[77]. Este último, como encarnação do *Unmensch* (inumano), se distingue por sua pulsão cani-balística, que anuncia "um novo tipo de experiência, a da incorporação" (Hanssen, p. 119). Termo polemicamente apropriado do vocabulário nazista, o *Unmensch* de Ben-jamin se torna signo de uma entidade que se "solidarizou com o lado destrutivo da natureza" (Benjamin, GS v. II-3, 1991, p. 1.106). A potência dessa nova criatura, diferente-mente das anteriores, estribadas no amor, é a voracidade, o barbarismo. A destruição aparece aqui, portanto, como momento necessário da recriação para a ultrapassagem do modelo humanista do homem.

---

[77] Lembremos da célebre frase de Rilke nas *Elegias de Duíno*: "Ein jeder Engel ist schrecklich" ("todo anjo é terrível") (1982, p. 441).

Todavia, além dos pássaros, existem outros animais extraterrenos em Flusser nos quais o canibalismo expressa igualmente um tipo especial de liberdade. Em sua fábula filosófica sobre o *Vampyrotuethis Infernalis*, a "lula-vampiro do inferno", Flusser afirma que, para esse curioso ser, a liberdade é canibalismo: "poder devorar seu irmão" (2002a, p. 57). Enquanto que nós, humanos, superamos nossa animalidade (nosso estado natural) ao demonstrar amor pelo próximo, Vampyroteuthis supera a sua quando aprende a odiar. Como em Benjamin, o canibalismo tem aqui um sentido político. Entretanto, o Vampyroteuthis é como "o outro lado" de nosso próprio espírito. Em cada um de nós se esconde um Vampyroteuthis, assim como em cada uma das lulas-vampiro repousa oculto um espírito humano. É por isso que quando encaramos o Vampyroteuthis, enxergamos nossos próprios trejeitos políticos (*politische Fratze*) (Flusser, *Ibid.*, p. 58). Se em Benjamin o anjo devorador traz um novo barbarismo revolucionário, em Flusser a dimensão canibal de Vampyroteuthis parece ser encarada, ao mesmo tempo, com fascínio e desconfiança.

Para Benjamin, a figura do inumano é o correlato de uma noção de história "não mais puramente antropocêntrica em essência ou ancorada unicamente nas preocupações de um sujeito humano" (Hanssen, 1998, p. 48). Em outras palavras, uma história na qual os animais, as coisas e outros agentes não humanos possuem decidido protagonismo. Benjamin vai buscar tal noção na antiga ideia da história natural (*Naturgeschichte*). De fato, Antoine Faivre identifica as raízes dessa ideia já na *Naturphilosophie* do século XVIII. Ela se funda na premissa de que "a natureza tem uma história e essa história é de caráter mítico" (1996, p. 16). Se a história fosse unicamente um empreendimento humano, distinto, pois, do domínio da temporalidade meramente cíclica da natureza, não seria possível falar em uma "história natural". Como muitas outras de suas construções conceituais, Benjamin vai buscar sua proposição de uma história natural no pensamento dos teósofos, dos místicos e dos românticos alemães. Winfried Menninhghaus demonstra exaustivamente a importância dos teoremas místicos da Cabala e de teósofos como Jacob Boehme e Franz von Baader[78] para a formação da filosofia da linguagem de Benjamin. O livro sobre o drama barroco alemão, no qual se desenvolve a maior parte dos filosofemas sobre a história natural, constitui um momento fundamental dessa reflexão sobre a magia da linguagem (*Sprachmagie*) em Benjamin.

Esse interesse de Benjamin pela mística como campo de apropriação conceitual, mesmo que estetizada – uma "apropriação secularizada" (*säkularisierende Aneignung*), nas palavras de Menninghaus (1995, p. 7) – frequentemente te embaraçou seus intérpretes. Importa observar, todavia, que essa mesma estratégia foi utilizada extensivamente por Flusser. Suas reflexões sobre o tema da liberdade e

---

[78] Supõe-se que Benjamin possuía um "conhecimento apenas periférico" da filosofia da linguagem de Franz von Baader. Todavia, Benjamin recebera de seu amigo Scholem, grande especialista na mística judaica, uma edição das obras completas do autor (Menninghaus, 1995, p. 191). De todo modo, Baader foi apenas um dos muitos teósofos com cujo pensamento Benjamin teve contato. Sobre a importância de Baader para a *Naturphilosophie*, ver os vários capítulos dedicados a ele no trabalho de Faivre a respeito da filosofia da natureza (Cf. Faivre, 1996).

da relação com o outro estão entremeadas de motivos teológicos. Veja-se, por exemplo, esta passagem de *Kommunikologie weiter denken*:

> Deus criou o mundo com o objetivo de pô-lo à disposição do homem. Sobre ele reina o homem como imagem e semelhança de Deus. De modo que o homem possa reinar, Deus foi compelido a dar-lhe a liberdade. Liberdade significa a possibilidade de pecar. O homem traz ao mundo a possibilidade de pecar. Talvez essa não seja uma interpretação muito ortodoxa. O homem é feito da terra. *Adama* significa terra, *Adam* significa homem. Após Deus ter modelado a terra à sua imagem, inspirou nela o espírito, *ruach*. Essa é a origem da escritura. Barro, barro mesopotâmico, foi de algum modo modelado em um tijolo. E nele o homem inscreveu o espírito na forma de escritura cuneiforme. Adão é uma tábua de escritura cuneiforme. Ali está, portanto, essa imagem e semelhança de Deus, que tem em si o hálito, *ruach*, *pneuma*, *spiritus*, e é livre para pecar ou não. Para a surpresa de todos envolvidos, ele peca quando diferencia. Daí deve ele pecar. Ele não pode senão pecar, depois de ter se decidido. Diferenciar (*unterscheiden*) contém decidir (*entscheiden*). Adão e Eva consideram e entram então no estado do "dever pecar". Com isso, toda a criação é questionada. Pois para que terá Deus criado o mundo? Para inscrever sua imagem ali e deixá-lo em estado do "não-poder-senão-pecar" (*Nichts-als-Sündigen-Könnens*)? Desse modo, deve Deus, desafortunadamente (*leider Gottes*),

fazer-se a si próprio homem. Ao se tornar homem, libera Deus os homens do pecado, mas também os priva da liberdade. A liberdade aparece, então, como um perigo ameaçador. O crente que crê em Cristo está liberado do decidir, do diferenciar e do pecado. Ele é absolutamente condicionado (*unfrei*: "não livre"). Ele não pode mais pecar, *pecare non posset*. Essa é uma forma estranha, e nem sempre presente, de experimentar a liberdade. Mas nós a possuímos em nosso interior. Nós ainda temos a sensação de que a liberdade tem um sabor amargo (2009, p. 228).

Na verdade, a ideia da capacidade de diferenciar como pecado é curiosamente próxima da proposição benjaminiana do pecado original como ingresso na "magia do juízo" (*Magie des Urteils*), expressa no ensaio "Sobre a Linguagem em Geral e sobre a Linguagem dos Homens" (1916). Se antes da queda, o homem falava a pura linguagem do nome, na qual língua e conhecimento ainda são unas, após esse acontecimento trágico entramos na dimensão da linguagem humana, na qual encontramos a pluralidade e diferenciação entre as línguas. É nessa magia do julgamento que os elementos abstratos da linguagem encontram suas raízes. Abandona-se a "imediatidade na comunicação do concreto, isto é, o nome" e cai-se no abismo "mediado de toda comunicação, da palavra como meio" (Benjamin, 2011, pp. 68 - 69)[79]. No juízo, encontramos a

---

[79] Utilizo aqui a excelente tradução de Ernani Chaves e Susana Kampf-Lages (2011).

"separação originária" (*Ur-teil*) fundada na diferenciação entre o bem e o mal. Julgar não é, essencialmente, diferenciar? Todavia, se em Benjamin a magia do juízo aparenta ser menor em comparação com a magia pura do nome, do conhecimento imediato, em Flusser, o pecado simboliza a liberdade possível do homem – e, claro, essa não é, de fato, uma "interpretação muito ortodoxa" do texto bíblico.

Por certo: no projeto da diferenciação, repousa também o perigo de uma clareza excessiva, de um desejo de purificação que nega a natureza complexa e híbrida do mundo. No que diz respeito à complexidade das relações entre natureza e cultura, como afirma Flusser, poderíamos pensar dois tipos diferentes desta última: a primeira visa fazer resplandecer a essência da natureza (como se ela pudesse ser algo puro); a segunda, buscar destacar a ideia da natureza como modificada pelo espírito humano. Cada uma delas terias sua "arte" particular. Mas o fato é que "provavelmente, os dois tipos de cultura e arte não existem, nem jamais existiram, em estado puro [...] o que torna extremamente problemático não apenas querer distinguir, ontologicamente, entre várias culturas, mas também querer estabelecer rigorosa dialética entre cultura e natureza" (2011b, p. 15). Na maioria das vezes (talvez na totalidade das vezes, para radicalizar Flusser), o espírito humano não consegue impor-se de todo sobre a natureza. Interpretamos, construímos projetos, tentamos diferenciar. Entretanto, é sempre numa complexa relação que os determinantes naturais que efetivamos nossa existência. Nesse sentido, segundo Flusser, como locais de passagem das águas, os vales são domínios de perspectivismo e limite. Não é possível aos homens "habitar" neles, somente "passar" por eles. Para Flusser, eles são lugares "quase sobrenaturais, quase teóricos, quase perspectivistas" (2011b, p. 25).

Nesse sentido, os vales são, para Flusser, locais semelhantes àqueles que aparecem na "ciência dos limiares" (*Schwellenkunde*) de Benjamin. Em sua leitura de *As Afinidades Eletivas* de Goethe, Benjamin utiliza essa ciência para avaliar os poderes míticos tanto dos limiares espaciais (como o da superfície do oceano ou o cemitério) quanto dos limiares temporais (como os ritos de passagem). O limar é um lócus de ambiguidade (*Zweideutigkeit*), um entrelugar (*Zwieschenbereich*). As arcadas ou passagens são domínios liminares por excelência, marcando o limite complexo entre as ruas e as lojas individuais. Aqui encontramos um paradoxo interessante: "a forma espacial mítica do limiar figura, pois, também como um elemento da utopia antimítica de Benjamin" (Menninghaus, 1986, p. 52). Trata-se não de simplesmente destruir o mito, mas antes de redimi-lo – ou seja, de uma "salvação de formas míticas" (*Rettung mytischen Formen*), nas palavras de Menninghaus. Isso porque no antigo repousam forças revolucionárias que ainda aguardam o seu despertar.

O mito é marcado pela ambiguidade, um território de passagem, no qual, juntamente com as imagens de sonho, deve ser buscada a fisiognomia de uma época. Não à toa, Flusser lembra a ideia segundo a qual os mitos são provocadores da história. Desse modo, "se uma das teses básicas do marxismo é que os sonhos são mortos ao realizarem-se, o lado dialético de tal tese é esquecido: sonhos mortos persistem" (Flusser, 2011b, p. 29). Para Benjamin, a mitologia materialista ilumina o mundo dos sonhos de modo a conduzi-los ao limiar do despertar. A ciência dos limiares é ciência dos mitos e sonhos. Como explica Buck--Morss, "paradoxalmente, a imaginação coletiva mobiliza seus poderes para uma ruptura revolucionária com o passado recente ao evocar um reservatório de memória cultural de mitos e símbolos utópicos de um ur-passado mais distante" (1991, p. 116).

É aqui que enfrentamos o perigo do fetichismo, quando as tecnologias nas quais depositamos sonhos utópicos do passado são tomadas como suas realizações em lugar de meios possíveis para realizá-los. O que se faz necessário, portanto, é um despertar capaz de redimir os mitos. Em Flusser, os mitos e sonhos apresentam uma função constitutiva. Eles podem ser a forma de materialização das utopias (que ele classifica em positivas e negativas). Eles existem para permitir a construção de mundos alternativos. No universo das tecnologias digitais, mais que nunca, penetramos num terreno de projeção, ficcionalização. Os projetos de futuros possíveis são "sonhos que clamam por outros sonhadores, de modo que possam agregar-se e assim se tornar mais possíveis" (1998b, p. 42). Em sua estratégia de usar os sonhos, as ficções e os mitos para multiplicar pontos de vista e devires humanos, Flusser frequentemente aproxima signos da natureza aos signos da cultura. É o que faz, por exemplo, quando usa a bioluminescência ou a pele metamorfoseante de Vampyroteuthis para refletir sobre nossos meios eletrônicos contemporâneos. Nesse movimento, os limiares entre natureza e cultura são postos em questão. Vampyrotuethis, como o ser humano, possui "arte" e "cultura", apenas os efetiva de modos diversos aos nossos. Usando um termo bastante benjaminiano – "essência espiritual" (*geistiges Wesen*) –, Flusser aproxima a lula-vampiro do homem (2002a, p. 27). Mais que isso, ela possui história, é um "*historisches Wesen*" (*Ibid.*, p. 47). Mas se a história humana é basicamente um processo de armazenamento de informação adquirida em objetos, a de Vampyroteuthis se dá de forma verdadeiramente intersubjetiva, por meio de suas glândulas secretoras.

Como nas obras de John Heartfield, que Benjamin tanto apreciava, a narrativa de *Vampyroteuthis Infernalis* é um modo de produzir curto-circuitos entre os signos de natureza e cultura. De acordo com Susan Buck-Morss:

> [...] a fusão ideológica de natureza e história, quando reproduzida por Heartfield através de um uso alegórico da fotomontagem, permite que a lacuna entre signo e referente permaneça visível, permitindo a ele, assim, representar sua identidade na forma de uma crítica (1991, p. 62).

Benjamin procedia de modo idêntico, mas através de uma montagem de imagens verbais em vez de fotográficas – como acontece, por exemplo, em *Rua de Mão Única*. Em alguma medida, Flusser combina as duas técnicas em *Vampyroteuthis*, reunindo o texto de sua fábula filosófica com as instigantes imagens desenhadas por Louis Bec para o livro. Bec afirma que cada uma das pranchas representa atitudes ou traços de caráter "vampiromórfico" em Flusser (2007, p. 1), todavia, elas bem poderiam ser lidas com muitos diferentes sentidos, filosóficos, políticos e sociais. Sinto-me tentado a associar, por exemplo, a subespécie *"Lumanter Phusagrion"* – caracterizada por sua "atitude de destruição sistemática de todas as formas vivas que atravessam seu espaço biomo-ideológico" (Flusser, 2002a, s/p) – ao capitalismo extrativista contemporâneo, em sua sede de apropriação e consumo de ecossistemas inteiros. Afinal, Stacy Alaimo sugere que o *Vampyroteuthis* de Flusser é como um tratado ecológico que "se desvia (*veers away*) dos modos padronizados da objetividade científica" em direção a uma "ciência íntima e uma política apaixonada" (2017, pp. 413 - 414). Desse modo, por que não o ler como fábula filosófica que trata não somente dos dilemas tecnológicos do homem, mas também das nossas relações com o meio ambiente e os seres não humanos? Mais ainda, por que não o ler como uma reflexão sobre a vida dos objetos, essas coisas que muito frequentemente resistem, com sua astúcia (*Tücke*), a nossas tentativas de informá-los e dominá-los? (Cf. Flusser, 2002a, p. 61).

Talvez seja essa a perspectiva mais instigante do encontro entre os projetos de Flusser e Benjamin. Ambos operam com conceitos de vida e história que se estendem às coisas (Cf. Hanssen, p. 33). Flusser afirma sem nenhum pudor que "montanhas são coisas que têm história, ou, mais exatamente, biografia" (2011b, p. 82). No mesmo diapasão, Benjamin propõe: "é somente quando se reconhece vida a tudo aquilo que possui história e que não constitui apenas um cenário para ela, que o conceito de vida encontra sua legitimação" (2011, p. 105). É por essa razão que não se deve entender os termos "sobrevivência" (*Überleben*) e "pervivência" (*Fortleben*), usados em *A Tarefa do Tradutor*, em sentido metafórico, mas, sim, objetivo. Através dessa perspectiva, encontramos um mundo imensamente mais rico que aquele no qual tradicionalmente nos movemos. Nele encontramos uma multiplicidade de olhares e agenciamentos nos quais o humano aparece como apenas mais um componente. De fato, poderíamos dizer que não se trata apenas de um mundo, senão de vários; não uma natureza, senão muitas.

> Não vivemos, pois, em uma, mas em muitas naturezas. Na natureza captável pelas categorias de nossa ciência da natureza. Na "*physis*" aristotélica, na natureza cheia de deuses, na natureza criada por Deus. Todas essas naturezas estão lá, fora da janela, mas também cá dentro. Interferem, "realmente", uma na outra (Flusser, 2011b, p. 93).

Referindo-se a Flusser e sua fábula sobre o Vampyroteuthis, Tamalone van den Eijnden sugere que se use o termo "*alien natures*". Não apenas os seres octopodais de Flusser, senão também os anjos e pedras de Benjamin podem compor parte dessa "natureza que é desconhecida, porém imaginável, uma natureza que é um outro lugar (*elsewhere*) e, todavia, presente de algum modo em um aqui" (2019, p. 45). Esses espaços alienígenas são locais de um encontro com o outro em toda sua radicalidade; de um diálogo interespécies por meio do qual o homem pode aprender, de modos inusitados, a respeito de si e do mundo que o cerca. Nesses espaços, cessa de existir a dicotomia natureza/cultura, de modo que ali encontramos todos os seres como um aglomerado de realidades multidimensionais. É por essa razão que Flusser consegue ver Édipo em sua horta (2011b, p. 121). É por essa razão, ainda, que Benjamin consegue ver uma teoria biológica da moda em zebras e cavalos (GS v. 2, 1991, p. 123). Em época de profunda crise ecológica, essa outra história e esse outro modo de pensar podem nos oferecer ferramentas valiosas para imaginar futuros diferentes. Futuros menos sombrios, desérticos e solitários; futuros alimentados pela esperança de uma nova humanidade.

Pós-Escrito

A noção de pensamento líquido sugerida aqui não tem relação com as figuras de liquidez que se encontram em obras como a de Bauman e vários outros críticos da contemporaneidade. Ainda que a imagem do líquido pareça eficaz para traduzir a instabilidade das instituições hodiernas, acredito que Flusser usou o meio aquoso como forma de traduzir o único *medium* no qual as potencialidades da vida podem ser plenamente realizadas (Flusser, 1998a, p. 24). Nesse sentido, o líquido se manifesta como forma de potência de tudo aquilo que está à margem dos sistemas e se apresenta como força criativa. A instabilidade se converte em uma energia que não permite ao pensamento repousar. Construído a partir de imagens, o discurso flusseriano, profundamente visual e mítico, move-se fragmentariamente de um ponto ao outro, de um local ao outro, movido por um dinamismo que vem do exterior, como um alienígena (Cf. Eburne, 2018). Sua paixão intelectual é a do espanto, e, nesse sentido, seu pensamento é barroco como um gabinete de maravilhas (*wunderkammer*). Ao navegar por diferentes mares, sem um mapa preconcebido, o filósofo se entrega ao sabor dos ventos e suas instabilidades históricas. Ele não desiste de perseguir um destino final, mas este é sempre, necessariamente, provisório. Trata-se de um saber que não pode ser, simplesmente, ciência, mas necessita fazer-se acompanhar de uma ética e de uma poética das imagens.

Para Flusser, imaginar o futuro é construir o futuro, e fazê-lo é tarefa essencial de todos os seres humanos. Em seu estudo sobre a "materialidade não linear da vida líquida", Rachel Armstrong afirma a necessidade de encontrarmos plataformas técnicas diferentes e modos de interpretação alternativos dos achados da ciência, caso desejemos "empoderar futuros alternativos" (2019, p. 18). No contexto dessa nobre tarefa, papel especial caberia às escolas de comunicação, que, na visão flusseriana, deverão se constituir em laboratórios do futuro. Mas a verdadeira escola, que inclui uma educação para a mídia, precisa ser formada pelo conjunto de uma nova humanidade – "redimida", no linguajar benjaminiano; engajada ludicamente em redes telemática, no vocabulário de Flusser. Somente quando estivermos plenamente engajados em diálogo, integrando nossas competências e permitindo ao alienígena (ao "todo-outro") que nos atravesse por inteiro, poderemos dizer que alcançamos uma utopia civilizacional. Como toda utopia, naturalmente, ela é irrealizável, mas ao mesmo tempo meta a ser continuamente buscada. Nessa busca sem fim, que sabe, possamos, um dia, construir expedições científicas que "assumam a carga dos sonhos, dos desejos e dos receios que caracterizam a existência humana" (Flusser, 2011, p. 130).

Referências bibliográficas

Obras de Vilém Flusser:

FLUSSER, Vilém. *Science Fiction.* Texto Inédito Preservado no Arquivo Flusser (numeração: 2.471 - X), s/data.

_____. Crítica de Cinema. *O Estado de São Paulo* (Suplemente Literário). São Paulo, 1º de agosto, 1964.

_____. Especulações em torno do Filme "2001". *O Estado de São Paulo* (Suplemente Literário). São Paulo, 3 de agosto, 1968.

_____. Do Ôlho Selvagem. *O Estado de São Paulo* (Suplemente Literário). São Paulo, 8 de março, 1969.

_____. *L'imagination et l'imaginaire.* Texto Inédito Preservado no Arquivo Flusser (numeração: 2.246 - X), 1977.

FLUSSER, Vilém. *Bodenlos: Eine Philosophische Autobiographie.* Düsseldorf: Bollmann, 1992.

_____. *Gesten: Versuch einer Phänomenologie.* Frankfurt am Main: Fischer-Taschenbuch. 1993.

_____. *Von der Freiheit des Migranten: Einsprüche gegen den Nationalismus.* Berlim: Bollmann, 1994.

_____. *Lob der Oberflächlichkeit: Für eine Phänomenologie der Medien (Schriften, Band 1).* Mannheim: Bollmann, 1995.

_____. *Nachgeschichte: Eine korrigierte Geschichtsschreibung.* Frankfurt am Main: Fischer, 1997.

_____. *Ficções Filosóficas.* São Paulo: Edusp, 1998a.

_____. *Vom Subjekt zum Projek: Menschwerdung*. Frankfurt am Main: Fischer, 1998b.

_____. *Medienkultur*. Frankfurt am Main: Fischer Taschenbuch, 1999.

_____. *Angenommen: Eine Szenenfolge*. Göttingen: European Photography, 2000.

_____. *Vampyroteuthis Infernalis: Eine Abhandlung samt Befund des Institut Scientifique de Recherche Paranaturaliste*. Göttingen: European Photography, 2002a.

_____. *Filosofia da Caixa Preta: Ensaios para uma Futura Filosofia da Fotografia*. Rio de Janeiro: Relume-Dumará, 2002b.

_____. *Kommunikologie*. Frankfurt am Main: Fischer, 2007.

_____. *Kommunikologie weiter denken: Die Bochumer Vorlesungen*. Frankfurt am Main: Fischer, 2009.

_____. *A História do Diabo*. São Paulo: Annablume, 2010.

_____. *Vampyroteuthis Infernalis*. São Paulo: Annablume, 2011a.

_____. *Natural:Mente: Vários Acessos ao Significado de Natureza*. São Paulo: Annablume, 2011b.

_____. "Seres de um Outro Mundo", em FELINTO, Erick & SANTAELLA, Lucia. *O Explorador de Abismos: Vilém Flusser e o Pós-Humanismo*. São Paulo: Paulus, 2012.

_____. *The Surprising Phenomenon of Human Communication*. London: Metaflux Publishing, 2016.

Outros Autores

ALAIMO, Stacy. Unmoor, *it* COHEN, Jeffrey Jerome & Duckert, Lowell (orgs.). *Veer Ecology: a Companion for Evironmental Thinking*. Minneapolis: University of Minnesota Press, 2017.

MICHAUD, Philippe-Alain. *Aby Warburg and the Image in Motion*. New York: Zone Books, 2004.

ALTER, Robert. *Anjos Necessários: tradição e modernidade it* Kafka, Benjamin e Scholem. Rio de Janeiro: Imago, 1993.

ANDERSON, Roland. *20.000 Tentacles under the Sea: Cephalopods in Cinema*. Of Sea and Shore v. 15, n. 2, pp. 79 - 84, Summer 1992.

ANDRIOPOULOS, Stefan & Dotzler, Bernhard (orgs). 1929: *Beiträge zur Archäologie der Medien*. Frankfurt am Main: Suhrkamp, 2002.

ANDRIOPOULOS, Stefan. *Ghostly apparitions: German Idealism, the Gothic novel and optical media*. New York: Zone Books, 2013.

ARMSTRONG, Rachel. *Liquid life: on non-linear materiality*. Las Vegas: Punctum Books, 2019.

BALKE, Friedrich; MUHLE, Maria; VON SCHÖNING, Antonia (orgs.). *Die Wiederkehr der Dinge*. Berlim: Kadmos, 2011.

BAUDRILLARD, Jean. *Simulacres et Simulation*. Paris: Galilée, 1981.

BAUMAN, Zygmunt. *Liquid Times: Living in an Age of Uncertainty*. Cambridge: Polity, 2008.

BAZZICHELI, Tatiana. "Network Disruption: Rethinking Oppositions in Art, Hacktivism and the Business of Social Networking" (PhD Dissertation, Aarhus University). Aarhus, 2011, disponível em http://intra.iam.hva.nl/content/1011/afstuderen/afstudeerworkshop//intro-en-materiaal/Networked_Disruption_FINAL_web.pdf

BEC, Louis. "Vampyroteuthis Infernalis: Postscriptum". Flusser Studies, n. 4 (on-line), maio 2007. Disponível em <http://www.flusserstudies.net/pag/04/bec_vampyroteuthis.pdf>. Acesso em: junho de 2019.

BELLOUR, Raymond. *Le corps du cinema: hypnoses, émotions, animalités*. Paris: P.O.L., 2009.

BELLOWS, Andy Masaki; MCDOUGALL, Marina; BERG, Brigitte (eds.). *Science is Fiction: The Films of Jean Painlevé*. Cambridge: The MIT Press, 2010.

BENJAMIN, Walter. *Das Passagen-Werk* (Gesammelte Werke Band v. 1). Frankfurt am Main: Suhrkamp, 1991.

_____. *Aufsätze, Essays, Vorträge* (Gesammelte Werke Band v. II - 1). Frankfurt am Main: Suhrkamp, 1991.

_____. *Das Passagen-Werk* (Gesammelte Werke Band v. 2). Frankfurt am Main: Suhrkamp, 1991.

_____. *The Arcades Project*. Harvard: Harvard University Press, 2003.

_____. *Escritos sobre Mito e Linguagem*. São Paulo: Livraria Duas Cidades, 2011.

BERG, Brigitte. "Jean Painlevé, 1902-1989", em BELLOWS, Andy Masaki; MCDOUGALL, Marina; BERG, Brigitte (eds.). *Science is Fiction: The Films of Jean Painlevé*. Cambridge: The MIT Press, 2010.

BOGOST, Ian. *Alien Phenomenology, or What It's Like to be a Thing*. Minneapolis: University of Minnesota Press, 2012.

BÖHME, Gernot. *Atmosphäre: Essays zur neuen Ästhetik*. Berlim: Suhrkamp, 2019.

BORGES, Jorge Luis. *Obras Completas I (1923-1949) – Edición crítica*. Buenos Aires: Emecé, 2009.

BOURIAU, Christophe. *Le "comme si": Kant, Vaihinger et le Ficcionalisme*. Paris: Éditions du Cerf, 2013.

BOZZI, Paola. *Vilém Flusser – dal soggeto al progetto: libertà e cultura dei media*. Milano: UTET Università, 2007.

BREITHAUPT, Fritz. *Die dunklen Seiten der Empathie*. Frankfurt am Main: Suhrkamp, 2017.

BRYANT, Levi & SRNICEK, Nick & HARMAN, Graham. *The speculative turn: continental materialism and realism*. Melbourne: Re.Press, 2011.

BROWN, William & FLEMING, David H. *The Squid Cinema from Hell: Kinoteuthis Infernalis and the Emergence of Chthulumedia*. Edinburgh: Edinburgh University Press, 2020.

BRYANT, Levi R. *Onto-Cartography: an Ontology of Machines and Media*. Edinburgh: Edinburgh University Press, 2014.

BUBER, Martin. *I and Thou*. Edinburgh: T & T Clark, 1950.

BUCK-MORSS, Susan. *The Dialectics of Seeing: Walter Benjamin and the Arcades Project*. Cambridge: The MIT Press, 1991.

BUKATMAN, Scott. *Terminal Identity: The Virtual Subject in Postmodern Science Fiction*. Durham: Duke University Press, 1993.

BUTIS, Butis. *Stehende Gewässer: Medien der Stagnation*. Berlim: Diaphanes, 2007.

CAILLOIS, Roger. *La pieuvre: essai sur la logique de l'imaginaire*. Paris: La Table Ronde, 1973.

CALABRESE, Omar. *A Idade Neobarroca*. Lisboa: Edições 70, 1999.

CALDERÓN, Andrea Soto. "Juego e Imaginación en Vilém Flusser", Flusser Studies 13, maio 2012. Disponível em <http://www.flusserstudies.net/pag/13/calderon-juego--imaginacion-

CAMURATI, Mireya. *Los "raros" de Borges*. Buenos Aires: Corregidor, 2006.

CHABOT, Pascal. *La Philosophie de Simondon*. Paris: Vrin, 2003.

COURAGE, Katherine Harmon. *Octopus! The Most Mysterious Creature in the Sea*. New York: Penguin, 2013.

DANEY, Serge. The Screen of Fantasy (Bazin and Animals). *in* MARGULIES, Ivone. *Rites of Realism: Essays on Corporeal Cinema*. Durham: Duke University Press, 2003.

DASTON, Lorraine & PARK, Katharine. *Wonders and the order of nature 1150-1750*. New York: Zone Books, 1998.

De LANDA, Manuel. *A Thousand Years of Nonlinear History*. New York: Zone Books, 1997.

_____. *War in the age of intelligent machines*. New York: Swerve Editions, 2003.

DE LUCAS, Gonzalo. *Vida Secreta de las Sombras: Imágenes del Fantástico en el Cine Francés*. Barcelona: Paidós, 2001.

DELEUZE, Gilles & GUATTARI, Felix. *Qu'est-ce que la Philosophie?* Paris: Les Éditions de Minuit, 1991.

DURAND, Gilbert. *Les structures anthropologiques de l'imaginaire*. Paris: Dunod, 1993.

EBURNE, Jonathan E. *Outsider Theory: Intellectual Histories of Unorthodox Ideas*. Minneapolis: University of Minnesota Press, 2018.

ECO, Umberto. *Obra aberta: forma e indeterminação nas poéticas contemporâneas*. São Paulo: Perspectiva, 1971.

ELLIS, Richard. *Monsters Of The Sea: The History, Natural History, and Mythology of the Oceans' Most Fantastic Creatures*. New York: Knopf, 1992.

FAIVRE, Antoine. *Philosophie de la nature: physique sacrée et théoosophie XVIII-XIX siècle*. Paris: ALbin Michel, 1996.

FAY, Jennifer. Seeing/Loving Animals: André Bazin's Posthumanism. *Journal of Visual Culture* n. 7(1). London: Sage, 2008.

FELINTO, Erick & SANTAELLA, Lucia. *O Explorador de Abismos: Vilém Flusser e o Pós-Humanismo*. São Paulo: Paulus, 2012.

_____. Meio, Mediação, Agência: a Descoberta dos Objetos em Walter Benjamin e Vilém Flusser. *E-Compós*, v. 16, n. 1, São Paulo: Compós, 2013.

_____. Vampyroteuthis: a Segunda Natureza do Cinema – a Matéria do Filme e o Corpo do Espectador. *Flusser Studies 10*. Lugano: Universitá della Svizzera Italiana, 2010.

_____. Oceano Digital: Imaginário Marinho, Tecnologia e Identidade em Vilém Flusser. *Galáxia* n. 39 (set-dez.). São Paulo: PUCSP, 2018.

FOUCAULT, Michel. *Oeuvres* (2 vols.). Paris: Gallimard, 2015.

FREUD, Sigmund. *Obras Psicológicas Completas* (Edição Standard: Volume XVII). Rio de Janeiro: Imago, 1976.

GALLOWAY, Alexander. "The Poverty of Philosophy: Realism and Post-Fordism", *In Critical Inquiry* v. 39, n. 2, Chicago: University of Chicago Press, 2013.

_____. "Laruelle: Against the Digital". Minneapolis: University of Minnesota Press, 2014.

GODFREY-SMITH, Peter. *Other Minds: the Octopus, the Sea, and the Deep Origins of Consciousness*. New York: Farrar, Strauss and Giroux, 2016.

GRATON, Peter. *Speculative Realism: Problems and Prospects*. London: Bloomsbury, 2014.

GROPP, Petra. *Szenen der Schrift: Medienästhetische Reflexion in der literarischen Avantgarde nach 1945*. Bielefeld: Transcript, 2006.

GULDIN, Rainer. "Mit Schere und Klebstoff": Überlegungen zur filmischen Techno-Imagination bei Vilém Flusser. *Flusser Studies*, Lugano, n. 10, pp. 1 - 24, Novembro. 2010.

_____. *Philosophieren zwischen Sprachen: Vilém Flussers Werk*. München: Wilhelm Fink, 2005.

GUMBRECHT, Hans Ulrich & PFEIFFER, Ludwig (orgs.). *Materialities of Communication*. Stanford: Stanford University Press, 1994.

GUMBRECHT, Hans Ulrich. *Stimmungen lesen: Über eine verdeckte Wirklichkeit der Literatur*. München: Carl Hanser, 2011.

GUNKEL, H.; HAMEED, A. & O'SULLIVAN S. *Futures & Fictions*. London: Repeater, 2017.

GUZZONI, Ute. *Wasser: Das Meer und die Brunnen, die Flüsse und der Regen*. München: Karl Alber, 2005.

HAN, Byung-Chul. *Die Austreibung des Anderen: Gesellschaft, Wahrnehmung und Kommunikation Heute*. Frankfurt am Main: Fischer, 2016.

HANSEN, Miriam. Benjamin, Cinema and Experience: "The Blue Flower in the Land of Technology". *New German Critique*, Durham, n. 40, pp. 179 - 224, Winter, 1987.

HANSSEN, Beatrice. *Walter Benjamin's Other History: Of Stones, Animals, Human Beings, and Angels*. Berkeley, University of California Press, 1998.

HARMAN, Graham. *Guerrilla Metaphysics: Phenomenology and the Carpentry of Things*. Chicago: Open Court, 2005.

_____. "McLuhan as Philosopher". In FELINTO, Erick; MÜLLER, Adalberto; MAIA, Alessandra (orgs.). *A Vida Secreta dos Objetos*. Rio de Janeiro: Azougue, 2016.

HARRINGTON, Erin. *Women, Monstrosity and Horror Film: Gynaehorror*. London: Routledge, 2018.

HAYLES, Katherine. "Speculative Aesthetics and Object-Oriented Inquiry (OOI).", *In Speculations: A Journal of Speculative Realism*, v. 5, New York: Punctun Books, 2014.

HELMREICH, Stefan. *Alien Ocean: Anthropological Voyages in Microbial Seas*. Berkeley: University of California Press, 2009.

HENTSCH, Thierry. *La Mer, La Limite (suvi de Aphorismes Spinoziens)*. Québec: Héliotrope, 2015.

IVESON, Richard. The Protagorean Presumption and the Posthuman: Ceci n'est pas un calmar, *In Journal for Cultural Research* v. 18, n. 4. London: Routledge, 2014.

JAEGER, Stephen. *The Envy of Angels: Cathedral Schools and Social Ideals in Medieval Europe 950-1200*. Philadelphia: University of Pennsylvania Press, 1994.

JUE, Melody. "Vampyre Squid Media", *In Grey Room* n. 57. Massachussets: MIT Press, 2014.

KEEN, Andrew. *The Cult of the Amateur*. New York: Doubleday, 2007.

KIMMICH, Dorothee. *Lebendige Dinge in der Moderne*. Konstanz: Konstanz University Press, 2011.

KITTLER, Friedrich. *Aufschreibesysteme 1800/1900*. Berlim: Fink, 2003.

KITTLER, Friedrich. *Grammophon, Film, Typewriter*. Berlim: Brinkmann & Bose, 1986.

KRAPP, Peter. *Noise Channels: Glitch and Error in Digital Culture*. Minneapolis: University of Minnesota Press, 2011.

LATOUR, Bruno. *Reassembling the Social: an Introduction to Actor-Network Theory*. Oxford: Oxford University Press, 2005.

LEMOS, André. *A Comunicação das Coisas: Teoria Ator-Rede e Cibercultura*. São Paulo: Annablume, 2013.

LÉVY, Pierre. *A Inteligência Coletiva: por uma Antropologia do Ciberespaço*. São Paulo: Loyola, 1998.

LIPPIT, Akira Mizuta. *Electric Animal: Toward a Rhetoric of Wildlife*. Minneapolis: University of Minnesota Press, 2000.

LOVECRAFT, H. P. *Dagon*. São Paulo: Iluminuras, 2005.

LUDUEÑA, Fabián. *H.P. Lovecraft: la disyunción en el Ser*. Buenos Aires: Hecho Atómico, 2013.

MAOILEARCA, John Ó. *All Thoughts are Equal: Laruelle and Non-Human Philosophy*. Minneapolis: Minnesotta University Press, 2015.

MCGEE, Kyle. *Bruno Latour: The Normativity of Networks*. New York: Routledge, 2014.

MEILLASSOUX, Quentin. *Après la finitude: essay sur la nécessité de la contingence*. Paris: Seuil, 2006.

MELLAMPHY, Dan & MELLAMPHY, Nandita Biswas. From the Digital to the Tentacular, or From iPods to Cephalopods: Apps, Traps, and Entrées-without-Exit, *In* MILLER, Paul D. & MATVIYENKO, Svitlana. *The Imaginary App*. Massachussets: The MIT Press, 2014.

MENKMAN, Rosa. *The Glitch Moment(um)*. Amsterdam: Institute of Network Cultures, 2011.

MENNINGHAUS, Winfried. *Schwellenkunde: Walter Benjamins Passage des Mythos*. Frankfurt am Main: Suhrkamp, 1986.

_____. *Walter Benjamins Theorie der Sprachmagie*. Frankfurt am Main: Suhrkamp, 1995.

MICHAUD, Philippe-Alain. *Aby Warburg and the image in motion*. New York: Zone Books, 2004.

MOELLER, Hans-Georg. *Luhmann Explained: From Souls to Systems*. Chicago: Open Court, 2006.

MONTGOMERY, Sly. *The Soul of an Octopus: a Surprising Exploration into the Wonder of Consciousness*. New York: Atria Books, 2015.

MORELLE, Louis. "Speculative Realism: After Finitude and Beyond?", *In Speculations: A Journal of Speculative Realism*, v. 3, New York: Punctun Books, 2012.

MÜNKER, Stefan. *Philosophie nach dem "Medial Turn": Beiträge zur Theorie der Mediengesellschaft*. Bielefeld: Transcript, 2009.

MUNSTER, Anna. *Materializing New Media: Embodiment in Information Aesthetics*. Dartmouth: Dartmouth College Press, 2006.

NAGLE, Angela. *Kill all Normies: Online Culture Wars from 4-Chan and Tumblr to Trump and the Alt-right*. Aresford: Zero Books, 2017.

NIEMOCZYNSKI, Leon. *Speculative Realism: an Epitome*. Leeds: Kismet Press, 2017.

NUNES, Mark (ed.). *Error: Glitch, Noise and Jam in New Media Cultures*. New York: Continuum, 2011.

PAINLEVÉ, Jean. Scientific Film, em BELLOWS, Andy Masaki; MCDOUGALL, Marina & BERG, Brigitte. *Science is Fiction: the Films of Jean Painlevé*. Cambridge: The MIT Press, 2000.

PANTENBURG, Volker. *Cinematographic Objects: Things and Operations*. Berlin: August Verlag, 2015.

PARENTE, André (org.). *Tramas da Rede*. Porto Alegre: Sulina, 2004.

PARIKKA, Jussi. *Digital Contagions: a Media Archaeology of Computer Viruses*. New York: Peter Lang, 2007.

_____. *Insect Media: an Archaeology of Animals and Technology*. Minneapolis: University of Minnesota Press, 2010.

PETERS, John Durham. *The Marvelous Clouds: Toward a Philosophy of Elemental Media*. Chicago: University of Chicago Press, 2015.

PORT, Ulrich. "Transformatio Energetica". Aby Warburgs Bild--Text-Atlas Mnemosyne, em Andriopoulos, Stefan & Dotzler, Bernhard (orgs.). 1929: *Beiträge zur Archäologie der Medien*. Frankfurt am Main: Suhrkamp, 2002.

RAMPLEY, Matthew. *The Remembrance of Things Past: On Aby M. Warburg and Walter Benjamin*. Wiesbaden: Harrassowitz, 2000.

RICHARDSON, Michael. *Otherness in Hollywood Cinema*. New York: Continuum, 2010.

RILKE, Rainer Maria. *Rilke Werke (Band II)*. Frankfurt am Main: Insel, 1982.

ROBERTI, Bruno & ORDINE, Bruno. *Ambivalenza dell'ainimalitá. Conversazione con Nuccio Ordine*. Fata Morgana vol. 14. Cosenza: Pellegrini, 2011.

RUGOFF, Ralph. "Fluid Mechanics", em BELLOWS, Andy Masaki; MCDOUGALL, Marina; BERG, Brigitte (eds.). *Science is Fiction: The Films of Jean Painlevé*. Cambridge: The MIT Press, 2010.

RUGOFF, Raplh. Fluid Mechanics, em BELLOWS, Andy Masaki; MCDOUGALL, Marina & BERG, Brigitte. *Science is Fiction: the Films of Jean Painlevé*. Cambridge: The MIT Press, 2000.

SANTAELLA, Lucia. *Temas e Dilemas do Pós-Digital*. São Paulo: Paulus, 2016.

SARDAR, Ziauddin. Introduction, em SARDAR, Ziauddin & CUBITT, Sean. *Aliens R Us: the Other in Science Fiction Cinema*. London: Pluto Press, 2002.

SCHAW, Jon & EVISON, Theo R. *Fiction as Method*. Berlim: Sternberg Press, 2017.

SCHMANDT-BESSERAT, Denise. *How Writing came About*. Austin: University of Texas Press, 1996.

SCHMITT, Carl. *Land und Meer – Eine weltgeschichtliche Betrachtung*. Stuttgart: Klett-Cota, 2011 (1942).

SCHMITT, Carl. *The Nomos of the Earth*. New York: Telos Press, 2006.

SCHOLZ, Gunter. *Philosophie des Meeres*. Hamburg: Mare, 2016.

SEPPER, Dennis L. *Understanding imagination: the reason of images*. New York: Springer, 2013.

SHAVIRO, Steven. *Connected, or what it means to live in the network society*. Minneapolis: University of Minnesota Press, 2003.

SHAVIRO, Steven. *The Universe of Things*. Minneapolis: University of Minnesota Press, 2014.

SIEGERT, Bernhard. *Passage des Digitalen: Zeichenpraktiken der neuzeitlichen Wissenschaften*. Berlim: Brinkmann & Bose, 2003.

SRNICEK, Nick; BRYANT, Levi; HARMAN, Graham. *The Speculative Turn: Continental Materialism and Realism*. Melbourne: Re.Press, 2011.

STAROSIELSKI, Nicole. Beyond Fluidity: a Cultural History of Cinema Underwater, *In* CUBITT, Sean; RUST, Stephen & MONANI, Salma (orgs.). *Ecocinema: Theory and Practice*. New York: Routledge, 2013.

STEELE, Edward J. e outros. Cause of Cambrian Explosion – Terrestrial or Cosmic?. *Progress in Biophysics and Molecular Biology* v. 136. Oxford: Elsevier, 2018.

SUTHERLAND, Thomas. Liquid Networks and the Metaphysics of Flux: Ontologies of Flow in an Age of Speed and Mobility, *In Theory, Culture and Society* v. 30, n. 5. London: Sage, 2013.

SZENDY, Peter. *Kant chez les extraterrestres: philosofictions cosmopolitiques*. Paris: editions du Minuit, 2011.

TALERICO, Danielle. Interpreting Sexual Imagery in Japanese Prints: a Fresh Approach to Hokusai's 'Diver and two Octopi'. *Impressions*, n. 23. New York: Japanese Art Society of America, 2001.

TERRÉ-FORNACCIARI, Dominique. *Les sirènes de l'irrationnel: quand la science touche à la mystique*. Paris: Albin Michel, 1991.

THACKER, Eugene. Tentacles longer than Night *In Horror of Philosophy* v. 3. Winchester: Zero Books, 2015.

TURKLE, Sherry. *Life on the Screen: Identity in the Age of the Internet*. New York: Touchstone, 1997.

TURNER, Fred. F*rom Counterculture to Cyberculture: Stewart Brand, the Whole Earth Network and the Rise of Digital Utopianism*. Chicago: the University of Chicago Press, 2006.

VAN DEN EIJNDEN, Tamalone. How to Think Posthumanly with Nature? Octopodal Creatures as Conceptual Persona of an Alien Nature. *Junctions: Graduate Journal of the Humanities*, Utrecht, v. 4, n. 1, pp. 43 - 57, 2019.

VEHLKEN, Sebastian. *Zootechnologien: Eine Mediengeschichte der Schwarmforschung*. Zürich: Diaphanes, 2012.

VERGÈS, Françoise. Positions: Looking East, Heading South, *In African Studies Review*, v. 44, n. 2. Cambridge: Cambridge University Press, 2001.

VIVEIROS DE CASTRO, Eduardo. *Metafísicas Canibais*. São Paulo: Cosac Naify, 2015.

VVAA. Fata Morgana n. 14: Animalitá. Cosenza: Università della Calabria, 2011.

WALLERSTEIN, Immanuel. The uncertainties of knowledge. Philadelphia: Temple University Press, 2004.

WILLS, David. Dorsality: thinking back through technology and politics. Minneapolis: University of Minnesota Press, 2008.

WHITE, Hayden. Metahistory: the historical imagination in 19th-century Europe. Baltimore: Johns Hopkins University Press, 1973.

WILSON, Eric. *The Republic of Cthulhu: Lovecraft, the Weird Tale and Conspiracy Theory*. Goleta: Punctum Books, 2016.

WOLFENDALE, Peter. *Object-Oriented Philosophy: The Noumenon's New Clothes*. London: Urbanomic, 2014.

WOODARD, Ben. *Slime Dynamics*. Winchester: Zero Books, 2012.

YOUNGBLOOD, Gene. *Expanded Cinema*. New York: E. P. Dutton & Co., 1970.

ZIELINSKI, Siegfried. *Archäologie der Medien: Zur Tiefenzeit der technischen Hörens und Sehens*. Hamburg: Rowohlt, 2002.

Fone: 51 99859.6690

Este livro foi confeccionado especialmente para a
Editora Meridional Ltda.,
em Cambria, 11/15,5 e
impresso na Gráfica Odisséia.